GUIDO MATTIOLI

PREFAZIONE DI
PIERLUIGI ROMEO DI COLLOREDO

L'AVIAZIONE LEGIONARIA IN SPAGNA
VOLUME 1

ISBN: 978-88-9327-5750 1A EDIZIONE : Maggio 2020
Titolo: **L'aviazione legionaria in Spagna - Vol. 1** (ISE-051) Di Guido Mattioli
Pubblicato da LUCA CRISTINI EDITORE . Cover & Art design: L. S. Cristini
Prima edizione a cura di ASSOCIAZIONE ITALIA STORICA - Genova

L'AVIAZIONE LEGIONARIA, IERI E OGGI

DI PIERLUIGI ROMEO DI COLLOREDO

Il volume del Mattioli che qui viene ripresentato è allo stesso tempo un documento dell'epoca in cui venne scritto, ed una lettura ancor oggi illuminante.
Del documento ha il pregio dell'immediatezza e del rapporto diretto intercorso tra l'autore e i fatti ed i protagonisti, senza mediazioni, la conoscenza diretta non filtrata dal tempo né nata indirettamente dallo studio dei documenti, ma dai colloqui con protagonisti, come Adriano Mantelli, Ernesto Botto, il leggendario comandante della Squadriglia *Gamba di Ferro*, che prendeva nome dalla mutilazione del suo comandante, o Giuseppe Cenni, leggendario cacciatore d'assalto, che morirà abbattuto dagli Alleati con il suo *Stuka* sullo Stretto di Messina, quando già era stata firmata la resa di Cassibile, vittima non tanto e non solo del nemico ma del fumo negli occhi degli alleati tedeschi per il badogliano *la guerra continua*.
L'apparato iconografico è davvero notevole, con decine di fotografie irreperibili altrove.
Alcuni elementi legati all'epoca in cui il Mattioli pubblicò la seconda edizione del suo libro, nel 1940 (la prima è del 1938, a Guerra Civile Spagnola in corso) sono specchio dell'epoca: la ripetuta esaltazione della figura di Ettore Muti, non tanto per il valorosissimo comportamento in Spagna che valse al gerarca ed aviatore romagnolo una meritatissima Medaglia d'Oro al Valor Militare, o per il suo ruolo come referente politico di Galeazzo Ciano - e nei suoi rapporti Muti rivela un acume politico ben diverso dai luoghi comuni su di lui - quanto piuttosto per la sua carica di Segretario Nazionale del Partito Nazionale Fascista, che ricopriva dal 28 ottobre 1939, o, ancora la retorica tipica dell'epoca di talune descrizioni e il tono agiografico.
Non che in ciò non ci sia molto di vero: la Guerra Civile Spagnola segna il punto più alto raggiunto dall'Aviazione militare italiana in tutta la sua storia: non si può discutere che in quegli anni fosse la migliore del mondo, non come purtroppo si pensò, per il materiale, ma per l'addestramento e la capacità combattiva degli uomini, superiori ad avversari ed alleati, spagnoli e germanici.
L'Italia, oltre ad ingenti quantitativi di materiale aeronautico e logistico, inviò in Spagna circa 6.000 uomini della Regia Aeronautica tra aviatori, specialisti ed avieri, 763 aeroplani (tra cui 418 caccia, 180 bombardieri e 112 tra ricognitori-assaltatori, addestratori e idrovolanti).
L'Aviazione Legionaria fu, come detto, ma va ripetuto, la migliore aviazione delle due parti in lotta.
I piloti italiani abbatterono 903 aerei avversari in combattimento (tra i quali 242 I-16, 240 I-5, 48 SB-2 e 14 *Potez* 540[1]).
L'Aviazione Legionaria perse a sua volta 147 velivoli, di cui 68 in combattimento, 21 per contraerea, 7 distrutti al suolo, 3 CR32 catturati per un errore di rotta, gli altri apparecchi andarono perduti per incidente[2]. I piloti italiani decorati di Medaglia d'oro in Spagna furono 54, oltre a due medaglie conferite all'asso nazionalista maggiore Juan Garcia Morato ed al capitano Carlos Haya Gonzales.
Gli assi furono:

Mario Bonzano   con 15 vittorie
Adriano Mantelli   12
Corrado Ricci   10

---

[1] C. Shores, *Spanish Civil War Air Forces*, Oxford 1977, p.50. Sono esclusi dal computo gli aerei abbattuti dalla contrarerea o distrutti al suolo.
[2] F. Pederiali, *Guerra di Spagna e Aviazione Italiana*, Pinerolo 1989, p.372.

Guido Nobili	10
Carlo Romagnoli	9
Giuseppe Cenni	6
Granco Lucchini	5
Enrico degli Incerti	5

dei quali il lettore troverà gli *exploits* narrati mirabilmente nel volume del Mattioli.

Nel corso della guerra di Spagna, i piloti italiani totalizzarono 135.265 ore di volo, compiendo 5.318 azioni di bombardamento, nel corso delle quali vennero sganciate 11.524 tonnellate di bombe e spezzoni[3].

Tutto ciò improvvisamente, e grottescamente, è tornato d'attualità perché in talune località italiane, grazie alla collaborazione con l'associazione antifascista *AltraItalia* di Barcellona, è stato accolto l'invito del *Memorial Demoràtic* della *Generalitat de Catalunya*, che aveva realizzato la Mostra "Catalogna Bombardata" in occasione del 75° anniversario dei bombardamenti fascisti sulla popolazione civile catalana, a esporre tale mostra di stampo propagandistico anche nelle città italiane. Naturalmente all'iniziativa si sono precipitati ad aderire con entusiasmo l'AICVAS (*Associazione Italiana Combattenti Volontari Antifascisti* [stalinisti] di Spagna) e numerose altre sigle come le immancabili ANPI, ANED, *Centro Filippo Buonarroti* e *Logos*, che sono entrate a far parte del suo comitato promotore nazionale. La mostra itinerante ha già fatto tappa in alcune città del Nord. Secondo la presentazione, durante la 2a Repubblica *sarebbe nata l'esperienza democratica più rilevante nella storia della Spagna e - dopo la Rivoluzione d'Ottobre - il punto più alto raggiunto dalle classi lavoratrici per la propria emancipazione*, mentre i bombardamenti iniziati il 30 ottobre 1936 su Barcellona e sulla Catalogna andrebbero considerati come *i primi di carattere terroristico contro i civili di una grande città militarmente indifesa*. Lo scopo della mostra - come ha scritto il 30 aprile 2015 un tale Patrizio Rigobon dell'Università di Ca' Foscari di Venezia - è *suscitare una seria riflessione critica tra i cittadini e i politici del nostro paese*.
In questo senso egli ha ricordato la querela *per crimini di guerra e lesa umanità* presentata dalla suddetta associazione *AltraItalia* e accettata il 22 gennaio 2013 dall'*Audiencia Provincial de Barcelona* contro gli autori materiali e i responsabili di tali bombardamenti, che ha dato luogo all'interrogatorio dell'ex aviatore ultracentenario Luigi Gnecchi. Si auspica indirettamente che il governo italiano segua l'esempio del presidente tedesco Herzog, che nel 1997 presentò le scuse della Germania agli abitanti di Guernica e riconobbe la "colpa" degli aviatori tedeschi della *Legion Condor* nel bombardamento della cittadina, dopo di che il *Bundestag* stanziò 3 milioni di marchi per la realizzazione in essa di un centro sportivo e decise di vietare l'assegnazione di onorificenze in memoria dei membri della Legione Condor. Dal canto nostro, auspicheremmo - pio desiderio - un'analoga querela contro i piloti americani e inglesi ancora vivi, responsabili della morte di almeno 60.000 civili in Italia, nonché le relative scuse dei governi statunitense e britannico. Ma naturalmente non capiterà, né Paesi seri permetterebbero simili carnevalate macabre, ed è anche chiaro il non tanto celato scopo del governo catalano, in caso di indipendenza, di bussare a quattrini nei confronti del governo italiano.
Ovviamente non potevano mancare i nazisti cattivi, sempre attuali, a torto o ragione: basti ricordare le attualissime polemiche e le reazioni isteriche del presidente del Consiglio e di quella della Camera per la distribuzione in edicola della ristampa dell'edizione italiana del *Mein Kampf* hitleriano della Bombiani uscita nel 1934, allegata ad un quotidiano milanese.
E qui gli *antifascisti*, essendo fondamentalmente ignoranti e parlando di cose che non

---

[3] Pierluigi Romeo di Colloredo, *Le Camicie Nere in Spagna 1936-1939*, Genova 2012, pp. 41 segg.

conoscono se non tramite la propria propaganda autoreferenziale, hanno persa una buona occasione, e se permettono gliela suggeriremo noi.

La Germania nazista fornì alla Spagna di Franco 542 velivoli (di cui 246 caccia, 189 bombardieri e 107 tra trasporti ricognitori e idrovolanti) che andarono a formare la *Legion Condor* nella quale militarono numerosi di piloti e specialisti della *Lutfwaffe* oltre a personale di artiglieria e dei corazzati.
I 16.000 tedeschi della *Condor* diedero complessivamente una buona prova di sé, pur senza raggiungere il risultato degli italiani L'aviazione tedesca, da poco ricostituita da Göring dopo il diktat di Versailles, non aveva raggiunto ancora i livelli addestrativi degli anni successivi, come si vide a Guernica nel 1937. Nel corso delle incursioni sulla cittadina basca l'Aviazione Legionaria colpì l'obbiettivo assegnato, il ponte di Guernica, mentre i piloti tedeschi, forse impediti nella mira dal fumo, gettarono le bombe a caso, creando gravi danni poi enfatizzati dalla propaganda repubblicana, che inventò migliaia di morti che non ci furono mai (se ne ebbero al massimo duecento) e accusò i tedeschi di un bombardamento terroristico contro i civili, che i tedeschi, a differenza degli italiani su Barcellona, non si erano mai sognati di fare.
Scrive Galeazzo Ciano nel proprio diario il 20 marzo 1938:

[...] La verità sui bombardamenti di Barcellona è che li ha ordinati Mussolini a Valle [sottosegretario all'Aeronautica], alla camera, pochi minuti prima di pronunciare il discorso per l'Austria [il 16 marzo]. Franco non ne sapeva niente e ha chiesto di sospenderli. Mussolini pensa che questi bombardamenti siano ottimi per piegare il morale dei rossi, mentre le truppe avanzano in Aragona. Ed ha ragione. Quando l'ho informato del passo di Perth [sir Eric Drummond, lord Perth, ambasciatore britannico a Roma, aveva chiesto la sospensione dei bombardamenti], non se ne è molto preoccupato, anzi si è dichiarato lieto del fatto che gli italiani riescano a destare orrore per la loro aggressività, anziché compiacimento come mandolinisti. Ciò, a suo avviso, ci fa anche salire nella considerazione dei tedeschi, che amano la guerra integrale e spietata[4].

Va ricordato però come anche i bombardieri repubblicani compissero frequenti incursioni sulle città in mano ai nazionalisti come Toledo, Siviglia, tentando di bombardare la basilica della Virgen del Pilar, Burgos. Naturalmente, a guerra finita, il governo di Franco, pur spietato verso gli avversari, non si sognò mai di processare per questo i piloti repubblicani (anche perché, dal 1937, erano di solito i ben più capaci sovietici ad eseguire tali missioni).
Ma adesso è bene chiarire un punto fondamentale.
Il generale Giuseppe Valle, già Capo di Stato Maggiore della Regia Aeronautica, in epoca non sospetta, nel 1958, scrisse a proposito dell'intervento italiano nel conflitto spagnolo:

Occorre riportarci col pensiero alla realtà dei tempi di allora, alla documentata storia dei crimini commessi contro gli uomini e le cose più sacre per comprendere come il ricordo di quel terrore costituisca ancor oggi il più saldo puntello della dittatura di Franco per giustificare la crociata di civiltà che condusse i nostri volontari a battersi contro crudeltà disumane[5].

E qui mi si permetta di autocitarmi[6].
Pochi argomenti sono ancor oggi tanto controversi come la Guerra Civile Spagnola.
Pochi sono solitamente trattati in maniera tanto schematica che manichea: i buoni e i cattivi.
Da ragazzino mi colpì, in un documentario trasmesso dalla Rai su Hemingway, la frase, che diceva, più o meno: "*È in Spagna, dalla parte giusta, quella repubblicana*".
L'inizio della sentenza inoppugnabile non lo ricordo parola per parola, ma ricordo benissimo la frase: *dalla parte giusta, quella repubblicana*.
La parte giusta?

---
[4] Galeazzo Ciano, *Diario 1937- 1943*, Milano 1990, p.115
[5] Giuseppe Valle, cit. in Giuseppe D'Avanzo, *Ali e Poltrone*, Roma 1981, pp. 207-208.
[6] Romeo di Colloredo, *Fiamme Nere!*, cit., pp. 7-8.

Da una parte Stalin, la Francia del Fronte Popolare, dall'altra Franco, Mussolini, e, in maniera poco più che insignificante, Hitler.

Nella storia non esistono buoni o cattivi. Ma questa volta c'era un male maggiore, quello dei *rojos*, contro un male minore, quello di Franco.

Precisiamo sin da ora che la parte da cui combatterono gli italiani non è *la parte giusta*. È la parte *meno sbagliata*. Quella delle chiese profanate, distrutte o trasformate in osterie, come la chiesa madrilena dei santi Giusto e Pastore, dei quadri del Greco, di Tintoretto, del van der Veyden, del Velàsquez, di Ribeira, di Tiziano, distrutti perché di soggetto religioso, dei preti, dei borghesi e degli ufficiali scannati, delle suore stuprate, dei *paseos*, delle camere di tortura, è l'altra, quella che taluni spacciano per la *parte giusta*.

Vero è che i plotoni di esecuzione li ebbe anche Franco, ma è vero anche che i nazionalisti non massacrarono i loro alleati in purghe interne, come a Barcellona, quando vennero scannati trotzkisti del POUM[7] ed anarchici delle FAI[8] dagli uomini di Stalin, inclusi gli italiani Ercoli (Togliatti), Longo, Vidali, Barontini[9].

Vero è che dalla supposta *parte giusta* c'era quell'André Marty che si guadagnò il soprannome di *carnacero de Albacete* per aver fatto fucilare cinquecento volontari delle Brigate Internazionali, gente andata in Spagna volontariamente per combattere il fascismo, con l'accusa di *deviazionismo trotzkista*.

Vero è che Hitler non inviò in Spagna la GeStaPo: i tedeschi non inviarono in Spagna elementi delle SS o del partito nazionalsocialista, ma solo unità militari della *Luftwaffe* e della *Wehrmacht*, al comando del generale Volkmann, e, per la parte aeronautica, del generale Sperrle.[10], ma Stalin la NKVD ed il GRU[11] sì.

Non si può parlare di *parte giusta* quando Stalin fornì alla Spagna Repubblicana 47 milioni di rubli, raccolti tramite il *Comintern*, cui si aggiunsero altri 70 milioni forniti direttamente dal governo sovietico, negli anni delle purghe e del massacro dei kulaki.

Secondo le stime del governo inglese, tra il luglio del 1936 e il dicembre 1938, l'Unione Sovietica fornì alla Spagna Repubblicana 250 aerei da combattimento, 1.400 autocarri, 731 carri armati, 1.230 pezzi d'artiglieria, senza contare l'armamento individuale, e senza contare le decine e decine di migliaia di tonnellate di rifornimenti e attrezzature militari di tutti i tipi sbarcate nel corso del conflitto dai piroscafi russi nei porti di Valencia, Alicante, Cartagena e Barcellona. No, decisamente chi aveva legami così stretti con la dittatura staliniana non poteva essere dalla *parte giusta*. Lo scopo di Stalin, tutt'altro che umanitario, era ovviamente di creare una repubblica "sorella" da utilizzare quale porto mediterraneo ed atlantico dell'Unione Sovietica. Il controllo del Mar Nero e della Spagna avrebbe fatto del Mediterraneo un mare sovietico.

Il danno fatto dagli eccessi degli anarchici e dai trotzkisti contro il clero e le chiese, che tanto aveva fatto inorridire anche i repubblicani più moderati, fu tale che nel 1937, su pressione di Stalin, e del suo proconsole Ercole Ercoli (Palmiro Togliatti) i comunisti iniziarono la liquidazione degli avversari. A Barcellona Camillo Berneri fu prelevato in casa da una *ceka* di sei comunisti, e ammazzato nella pubblica strada con un colpo alla testa. Dopo gli anarchici fu la volta dei trotzkisti del *Partido Obriero de Unificaciòn Marxista*[12]; di questa purga resta

---

[7] *Partito Obriero de Unificaciòn Marxista*.
[8] *Federaciòn Anarquista Iberica*
[9] Sul ruolo dei comunisti italiani nelle purghe spagnole: A. Kolpakidi, *La barricata spagnola*, in S. Bertelli, F.Bigazzi, *P.C.I.: la storia dimenticata*, Milano 2001, pp. 113- 157.
[10] H. Hidalgo Salazar, *Ayuda Alemana a España 1936- 1939*, Madrid 1975.
[11] *Narodnij Kommissariat Vnutrennik Del*; Commissariato del popolo per la sicurezza interna, poi, dopo varie denominazioni, KGB; *Glavnoe Razvedyvatel'noe Upravlenie*, servizi segreti militari. Sui servizi sovietici in Spagna, cfr. C. Andrew, O. Gordiewskij, *KGB. The Inside Story of Foreign Operation from Lenin to Gorbaciov*, New York 1991 (tr.it. Milano 1993, pp. 173 segg.).
[12] Usiamo il termine con i quali i marxisti del POUM sono ancor oggi comunemente chiamati, anche se non avevano legami con Leon Trotzskij.

la testimonianza di George Orwell in *Omaggio alla Catalogna*. Cervello dei massacri di Barcellona furono i comunisti italiani, i più legati a Stalin: da Ercoli-Togliatti sino al triestino Vittorio Vidali (Carlos Contrera) esecutore materiale di un gran numero di esecuzioni.
L'ordine di arrestare tutta la direzione del POUM venne dato personalmente da Togliatti e da Dolores Ibarruri, la *Pasionaria*, alla *Guardia de Asalto*[13].
Vittorio Vidali - che fu implicato personalmente nell'assassino di Leon Trotzskij in Messico nel 1940 - partecipò insieme al rappresentante dell'NKVD Orlov anche all'arresto ed all'interrogatorio sotto tortura, durato trenta ore, di Andresog Nin, segretario del POUM:

dopo alcuni giorni la sua faccia non era che una maschera di sangue[14].

Nin morì probabilmente sotto le torture, anche se Vidali disse che era stato fucilato senza che avesse parlato.
L'anarchico italiano Carlo Tresca, che era stato amico dello stalinista triestino negli anni Venti, definì il Vidali

capo di spie, traditori e assassini. Quando appare lui sento l'odore di morte. Mi domando: chi sarà la sua prossima vittima[15]?

Tresca fu assassinato nel 1943, a New York, dove aveva fondata la *Società G. Mazzini*, da killer tra i quali c'era, quasi certamente, lo stesso Vidali, cosa data per assodata dai trotzkisti[16].
Secondo il giornale francese *"La Lotte Oùvriere"* del 16 maggio 1937, le vittime della *controrivoluzione borghese staliniana* furono novecento solo nei primi giorni.
Mussolini commentò:

Nella capitale della Catalogna, durante alcuni giorni e alcune notti, i fratelli hanno ucciso i fratelli, i cugini hanno scannato i cugini, i socialisti, insieme ai comunisti "staliniani" hanno massacrato gli anarchici e i comunisti "trotzkisti" [...]
Mentre gli anarchici sono in uno stato di terribile esasperazione contro i comunisti, costoro, dalle colonne del loro giornale, Il Grido del popolo, non solo approvano l'azione del governo catalano, ma incitano il Governo a ripulire la Catalogna dai nemici interni superstiti, che sarebbero gli anarchici, i "trotzkisti", i sindacalisti. Dopo di che l'ordine regnerà a Barcellona, come già a Varsavia!
Questo è l'antifascismo internazionale nella sua più genuina espressione: odio e sangue![17]

Chi si scandalizza, forse ignora questo giudizio:

La fascistizzazione della Spagna sarebbe un altro colpo per le istituzioni parlamentari in Europa. D'altra parte il comunismo in Spagna sarebbe un disastro più grave e più irreparabile, e bisogna augurarsi che esso venga schiacciato [...] Armando i comunisti il governo spagnolo si è assunto una tremenda responsabilità ed ha firmato il proprio decreto di morte [...] In Spagna si rivela chiaramente la tattica del Comintern, che consiste nel favorire la nascita di un governo debole per poterlo poi facilmente rovesciare con le armi e stabilire un regime sovietico. La bolscevizzazione della Spagna sarebbe un vero disastro per l'Europa, e darebbe alle attività del Governo sovietico un nuovo impulso minaccioso per tutti i paesi.
Noi dobbiamo tutti augurarci che il comunismo spagnolo sia schiacciato, e questo è indubbiamente il sentimento oggi prevalente in Inghilterra, anche se, di fronte agli avvenimenti spagnoli, siamo decisi a mantenere un atteggiamento di neutralità[18].

---

[13] R. Conquest, *The Great Terror*, London 1968, p. 654 della trad.it.
[14] Ibid.
[15] Cit. in Kolpakidi, in Bertelli, Bigazzi 2001, p149.
[16] Su Vidali ed il suo ruolo nei massacri spagnoli, ibid. pp. 122 segg.; *Cahier Leon Trotsky* 3, 1979. Vidali era l'amante della fotografa comunista friulana Tina Modotti.
[17] B. Mussolini, *Barcellona, Il Popolo d'Italia* n.140, 21 Maggio 1937 XXIV.
[18] Winston Churchill, colloquio con l'ambasciatore italiano a Londra Dino Grandi, 8 agosto 1936, trascritto nel rapporto intitolato *Rivoluzione spagnola - atteggiamento inglese. Colloquio con Winston Churchill*, 9 agosto 1936 XV, MAE I, busta 102.

Queste parole di Winston Churchill possono essere ancor oggi sottoscritte in toto, ancor più alla luce degli avvenimenti spagnoli prima - i massacri di sindacalisti, anarchici e trotzkisti, considerati concorrenti dei comunisti stalinisti - e poi di quelli europei ed extraeuropei del secondo dopoguerra e della Guerra Fredda[19].

Si facciano pure le loro mostre, ma sappiano che nessuno è disposto ad accettare le menzogne dei tirapiedi italiani di Stalin. Per questo la riproposizione di testi come questo del Mattioli sono un salutare antidoto contro chi vuole cancellare la Storia, quella vera, e imporre magari con leggi proposte dall'onorevole Fiano di turno la menzogna. Una menzogna rossa di sangue. Sangue non solo nazionalista o fascista, di sacerdoti e monache, ma anche di centinaia di antifascisti massacrati dai comunisti, soprattutto da quelli italiani.

---

[19] Si veda R. Radosh, M. R. Habek, Georgi Sevostyanov (curr.) *Spain Betrayed: The Soviet Union in the Spanish Civil War*, Yale 2001, basato sugli archivi militari sovietici.

PREMESSA

Questo libro esce in un periodo di gloria per l'Italia Fascista, che vede realizzate dal genio del Duce le sue secolari aspirazioni.
Esce in edizione completa, pazientemente curata in vari anni di ricerche che ci hanno permesso di raccogliere un materiale di dati e notizie veramente imponente e tale da costituire una documentazione unica nel campo della guerra aerea.
La prima edizione di questo libro ebbe una risonanza mondiale perché di esso si servirono i caporioni spagnoli per documentare al mondo la flagrante partecipazione dell'Italia Fascista, alla guerra di Spagna. Quasi che l'Italia Fascista ne avesse fatto mistero! Il Times, *il* Temps, *il* New York Times, *ne hanno fatto grande illustrazione. La duchessa di Atholl ne parlò a Montreal in una grande conferenza di propaganda a favore della Spagna rossa. Il libro in questione fu presentato al Comitato di non intervento con una relazione di Negrin e proprio Ettore Muti doveva trovare tale relazione a Barcellona, nello studio del famigerato Presidente. Se la prima edizione, che era una modesta pubblicazione di duecento pagine, con una trentina di illustrazioni, appassionò il pubblico italiano e straniero, crediamo che questa nuova ediz., completamente rinnovata, debba veramente interessare per il materiale imponente di documentazione e di illustrazione che essa possiede.*
L'entusiasmo ci ha preso e non abbiamo messo limiti alla mole del libro ed alla quantità di illustrazioni. Tutto il materiale che abbiamo raccolto ci è apparso prezioso, ai fini di documentare l'opera dei nostri insuperabili aviatori nei cieli della Spagna.
Abbiamo cercato di citarne il massimo numero possibile, poiché nella nostra non breve esperienza editoriale, abbiamo constatato quale prezioso ed efficace mezzo di propaganda, sia il far conoscere ai figli ed ai parenti tutti, l'esempio dei loro cari. È una scuola di eroismo e di emulazione che l'aviazione fascista ha inaugurato da lunghi anni e gli effetti meravigliosi si vedono oggi nel trionfale avverarsi delle previsioni del Duce, nel campo della lotta per la libertà europea.
La raccolta di episodi e di illustrazioni che siamo riusciti a mettere insieme, con un assiduo lavoro di ricerca, dimostra come l'aviazione dell'Asse fosse entrata in funzione molto prima della guerra attuale e quale importanza decisiva abbia avuto nella preparazione e nello svolgimento del conflitto, che in questi giorni ha fatto vedere al mondo i primi grandiosi segni della potenza delle potenze dell'Asse.
I piloti italiani, affratellati a quelli tedeschi nella guerra di Spagna hanno iniziato fino dal 1936 l'opera eroica dell'Aviazione dell'Asse in guerra.
Questo libro è dedicato ad Ettore Muti e non poteva essere altrimenti.
Egli è l'unico legionario che abbia vissuto l'epopea di Spagna dal principio alla fine, compiendo una ininterrotta opera che univa il quotidiano eroismo al sapiente lavoro politico, che veniva diretto dal nostro infaticabile Ministro degli Esteri, Conte Galeazzo Ciano di Cortellazzo, esecutore dinamico e fattivo delle direttive del Duce. Le gesta di Ettore Muti nei cieli della Spagna appartengono alle imprese leggendarie che si inquadreranno nella storia dei secoli dell'Italia e della Spagna, che d'ora innanzi hanno un lavoro colossale da svolgere per la civiltà mediterranea, e per la civiltà della nuova Europa.
Questo libro, di mole non comune e di documentazione veramente eccezionale ci è costato fatiche enormi e sacrifici di ogni genere. Dobbiamo ringraziare la squisita cortesia dell'illustre camerata Senatore Luigi Burgo che con spirito di giovanile entusiasmo ha facilitato la nostra opera ed un grazie che viene dal cuore dobbiamo rivolgere ai camerati squadristi Comm. Biagio Porrino di Praj Biellese e Comm. Adolfo Fila di Cossato i quali si sono adoperati affinché vedesse la luce nella veste più ricca e più decorosa per la più grande esaltazione dell'Ala Fascista in Spagna. Biagio Porrino è stato per noi un fraterno

collaboratore e teniamo a testimoniare in questo libro il suo affettuoso e generoso aiuto datoci con l'impulso meraviglioso del quale è dotata la sua eccezionale fibra di grande italiano e di squadrista intelligente, coraggioso ed operoso.

Questa opera esce in un momento di gloria che definisce e segna una pietra miliare della storia fascista. I legionari dei cieli della Spagna sono ancora in lotta nei cieli della Patria, dell'Europa e del continente africano, contro le plutocrazie che già li contrastarono subdolamente nei cieli della Spagna. Ma oggi costrette a battersi in campo aperto, e già nel corso di pochi mesi di lotta la Francia ha abbassato le armi.

Il combattimento continua contro la grande nemica del benessere europeo, l'Inghilterra, e l'Aviazione Fascista si batte fianco a fianco con i camerati germanici, che ogni giorno arricchiscono la loro grande storia di nuova gloria. Tutti i nostri gerarchi sono nella lotta. La gloriosa Disperata *ha innalzato di nuovo il suo gagliardetto guidata dal suo eroico Comandante e ha mietuto in questi giorni allori su allori. Di questa nuova guerra daremo ampia documentazione nell'opera* L'Aviazione dell'Asse in guerra *che è già in avanzata compilazione.*

Oggi innalziamo i nostri pensieri agli eroi che vegliano sui destini del nostro grande paese così immortalmente diretto dal DUCE magnanimo e formuliamo i più fieri auspici, che sono assoluta certezza, per la nuova Italia Imperiale e per la nuova Europa che uscirà trionfalmente dall'eroica opera accomunata delle potenze dell'Asse.

GUIDO MATTIOLI
Roma, 25 giugno 1940-XVIII.

*Alla Medaglia d'Oro Ecc. ETTORE MUTI,
Ministro Segretario del Partito Nazionale Fascista*

COME NACQUE L'AVIAZIONE LEGIONARIA

Quando nel luglio 1936 i nazionalisti spagnoli si sollevarono contro le forze anarchiche che volevano sovvertire il paese, l'aviazione spagnola non era in brillanti condizioni.
Oltre a questo, la disgrazia mortale del generale Sanjurio — che levatosi in volo con il pilota Ansaldo, dal Portogallo, decedeva con lo stesso pilota, il quale era uno dei migliori campioni della Spagna, in un incidente di partenza, — metteva in serio imbarazzo gli aviatori spagnoli i quali attendevano il valoroso generale proprio nella Capitale.
Precedentemente, il bestiale assassinio compiuto dal governo di Madrid nella persona di Calvo Sotelo, aveva eliminato uno dei capi che erano alla base del movimento.
I nazionalisti quindi si trovarono in grandissime difficoltà, molto superiori a quelle preventivate, e per l'aviazione si trovarono in situazione nettamente inferiore ai loro avversari che avevano in mano le basi della Biscaglia, della Capitale, della Catalogna e di Los Alcazares.
In più tutta l'industria aeronautica spagnola si trovava esattamente nel territorio in mano dei rivoltosi, i quali ne avevano già affidata la direzione alle forze anarcoidi sia nel campo tecnico che nel campo politico.
Queste forze erano soprattutto sussidiate dalle potenze occidentali, Francia ed Inghilterra, che intendevano affievolire le belle energie della generosa nazione spagnola.
Con una Francia inquieta e in preda alle passioni sociali, il bolscevismo faceva sicuro assegnamento di stringere l'Europa fascista in due morse dalle quali non si doveva fuggire. Ma il calcolo era errato. Il bolscevismo non aveva pensato all'intervento tempestivo del volontarismo fascista, non aveva nemmeno lontanamente pensato all'intervento fulmineo di un'aviazione legionaria composta di gente gagliarda e animata dall'ideale più nobile: la difesa della civiltà.
La millenaria civiltà latina, irradiatasi nel mondo da Roma, non poteva tollerare che la nobile terra di Spagna divenisse preda del ladrocinio, del crimine, della sudicia irriverenza e della più turpe offesa alla civiltà. Né poteva ammettere che il Mediterraneo continuasse in eterno a funzionare quale comodo bacino della più sfacciata padronanza economica e politica.
Le aquile di Roma, che si erano librate vittoriose nei cieli di tutto il mondo in meravigliose missioni pacifiche, che nei cieli dell'Etiopia avevano proprio allora sbalordito tutti per le azioni spettacolose e superbe di rendimento, erano pronte ad accorrere fulminee in aiuto della nazione sorella.
L'opera degli aviatori e della Aviazione Italiana in Spagna, cioè dell'Aviazione Legionaria, ha già riscosso la unanime ammirazione del mondo e perfino quella dei suoi avversari.
Oscuri piloti, giovani e veterani, con una sigla o con un altro nome che li contrassegnava sono spariti nei gorghi del mare o si sono infranti sulla nobile terra di Spagna, onorati e baciati solo da saluto reverente dei camerati, dal pensiero e dall'ammirazione della Patria.
Cavalieri dell'ideale, dunque, che trovano riscontro nei cavalieri delle Crociate, perpetuatori nei secoli di quella gentile e grande razza creata nei millenni dall'italica stirpe.
Oggi che il mistero si è squarciato, e che la pace è tornata nella penisola del Cervantes, noi teniamo a dare la illustrazione di quanto l'Aviazione Legionaria ha fatto nei cieli della Spagna, poiché non pochi sono gli insegnamenti che si traggono da questa lotta serrata e grande è la messe di eroismi che i nostri piloti hanno compiuto con indefesso ardore e con immutabile fede.

Quando, dunque, la parte sana della nazione spagnola insorse contro il governo rosso, la cui ultima malefatta era l'assassinio di Sotelo, e, obbedendo unicamente all'imperativo della coscienza e degli ideali imprescrittibili della patria libera non asservita ad ingerenze straniere, ebbe il coraggio delle risoluzioni estreme e non esitò a prendere le armi liberatrici, la Spagna nazionale e civile non poteva contare su una propria potente e moderna aviazione. La maggior parte delle forze aeree spagnole era rimasta ai rossi ed in mano dei rossi erano quasi tutte le basi aeree, con gli apparecchi e i materiali.

Il generale Franco, interprete perfetto delle esigenze profonde della sua terra e delle necessità della civiltà europea, uomo di azione, di valore e di coraggio, oltre che d'intuito, non poteva contare sopra una efficiente forza aerea, così come non aveva ai suoi ordini una flotta numerosa. In quel momento la base di ogni sua futura azione liberatrice riposava sull'esercito, sul suo esercito, rapidamente costituitosi intorno a quel reggimento straniero del «Tercio» nel quale s'erano subito arruolati a migliaia i patrioti più ardenti. Dal «Tercio» doveva prendere le mosse anche l'Aviazione Legionaria; anzi, del «Tercio» essa non poteva che essere la naturale figlia, perché qui si alimentavano gli ideali dei falangisti, qui s'irrobustiva nei patrioti il desiderio di liberare il paese dalla tirannia rossa.

I natali dell'*Aviacion del Tercio* ebbero luogo sul campo di Nador mentre a Tetuan affluivano i volontari a formare sempre più robusti i battaglioni del «Tercio», fondati dal colonnello Milan Astray, e i «regulares» marocchini già erano stati organizzati ed inquadrati sotto i segni della Spagna nazionalista.

In tutto il generale Franco non aveva allora che 6 idrovolanti «Dornier Wal» di cui quattro al Marocco e due a La Coruña, inoltre possedeva 15 «Breguet» da ricognizione. I mezzi aerei erano non scarsi, ma scarsissimi, e per di più in condizioni precarie. Su di essi non era il caso di fare alcun affidamento, anche nella migliore ipotesi di una prontissima risoluzione del movimento insurrezionale.

Nemmeno i piloti erano numerosi. Il personalismo dei piloti spagnoli, l'instabilità dei vari partiti al potere e soprattutto l'opera disfattista e sediziosa di vecchi piloti fuorviati per questioni personali od in cerca di posizioni di comando, avevano completamente disfatta ogni coesione nell'aviazione spagnola. Il corpo di aviazione, e per esso i vari capi che erano addirittura estremisti, era perciò in mano dei partiti di sinistra. A parte, quindi, i pochi elementi che si trovavano nel Marocco ed i pochissimi che riuscirono a raggiungere i nazionali nei primi giorni del movimento, l'aviazione fece, tutta, causa comune con i sovversivi. Molti dei nazionalisti erano rimasti nei centri meglio controllati dai rossi, nella impossibilità momentanea e forse definitiva di accorrere nelle file di Franco, del quale condividevano il pensiero e gli intendimenti.

L'aviazione della Spagna nazionalista era tutta qui. Le probabilità di un suo efficace impiego, in tali condizioni, non potevano essere che minime.

Ma l'intuito del capo, che subito vide quale grande parte avrebbe rappresentato l'aviazione nello sviluppo della guerra civile, della quale del resto non era più il caso di ignorare la eventualità di lunga durata, permise in breve il nascere di questa Aviazione del Tercio, che tutto il mondo ha ammirato o temuto.

Franco, non appena fu accertato l'aiuto francese ai rossi di Spagna, aveva infatti prontamente ordinato in Italia dei potenti trimotori da bombardamento e nello stesso tempo aveva richiesto all'industria italiana un certo numero di veloci apparecchi da caccia; questi mezzi, non ingentissimi, dovevano costituire il nucleo originario dell'Aviazione Legionaria; intorno ad esso doveva poi formarsi e svilupparsi il robusto organismo. E questi primi apparecchi — nove «S. 81» dei dodici partiti da Elmas — giunsero ben presto sul campo di Nador presso Melilla nel Marocco, esattamente alla fine del mese di luglio.

Intanto in Italia il movimento di Franco aveva destato le più vaste simpatie specialmente nei giovani, la cui generosità ed il cui ardimento non potevano che determinare irrefrenabile slancio a favore dei falangisti i quali si erano messi in lotta contro il sovversivismo non diversamente da quanto fecero le Camicie Nere nei tempi della vigilia.

E i volontari italiani accorsero ad ingrossare le schiere che avevano preso le armi per la Spagna civile. Certo i cavalieri azzurri furono fra i primi, i primissimi, cosicché fu subito possibile costituire con i nuovi apparecchi e con tutto il personale necessario, sia quello di volo che quello di terra, il primo nucleo dell'Aviazione Legionaria. Il comando veniva affidato al valoroso e intrepido pilota Ruggero Bonomi, che aveva assunto il nome di Francesco Federici. Ed era stato proprio Ruggero Bonomi a guidare la formazione degli «S. 81», partiti dalla Sardegna per il Marocco Spagnolo e per il loro glorioso destino.

Ecco come lo stesso colonnello Bonomi narra nel suo diario la nascita dell'Aviazione del Tercio. È il 31 luglio 1936, a Melilla: «I nazionali dispongono di ben pochi piloti. Quasi tutto il personale di aviazione è rimasto dalla parte dei rossi, molti volontariamente, ma molti altri anche costretti. Le basi principali sono a Madrid, a Barcellona, a Los Alcazares, ad Albacete. Gli aviatori di sentimenti nazionali o sono stati uccisi o devono per forza far servizio per i rossi che tengono in ostaggio le loro famiglie. Che fare? Il Generale Franco ha bisogno dei nostri apparecchi subito. E chi li impiega se non rimaniamo noi? A Melilla è di sede la quarta bandera de *El Tercio*. Decido di arruolarmi nella «Legione Straniera» in questo glorioso *El Tercio*, magnifico corpo fondato dall'eroe nazionale Milan Astray. Lo Stato Maggiore di Melilla accoglie con entusiasmo la mia decisione. Ritorno a Nador e riunisco gli equipaggi. Metto il personale al corrente della situazione, comunico che mi sono arruolato ne *El Tercio* e invito a fare un passo avanti quelli che vogliono seguirmi volontariamente. Tutti indistintamente, senza la minima indecisione, aderiscono entusiasticamente al mio invito, fieri di dare la loro opera di fascisti alla causa nazionale spagnola. Così nasce quell'aviazione di *El Tercio* che ha scritto fulgide pagine di gloria nei cieli della Spagna».

Ai primi di agosto 1936 questa specialissima aviazione già poteva considerarsi nata; in essa figuravano anche alcuni volatori che da pochissimo tempo erano rientrati in Italia dall'Africa orientale dove avevano efficacemente contribuito alla conquista dell'Impero, dando magnifiche dimostrazioni della potenza e della perfezione dell'ala fascista.

Il 4 agosto il Generale Franco poteva passare in rivista a Tetuan una formazione di nove trimotori «S.81» da bombardamento pesante.

Ma occorreva accelerare i tempi. E difatti non si indugiò nell'effettuare la necessaria messa a punto e gli indispensabili ritocchi. Non v'era bisogno di allenamenti perché i piloti erano allenatissimi oltre che magistralmente istruiti e pratici della guerra aerea; ma occorreva disporre per la migliore sistemazione delle basi aeree, poiché dalla efficienza di esse molto dipendeva l'esito della guerra aerea che si stava per iniziare. E sopratutto occorreva provvedere gli apparecchi della necessaria miscela carburante e delle non meno necessarie bombe. In tutto questo lavoro si procedette con la maggiore sollecitudine possibile e già il 4 agosto l'Aviazione del Tercio poteva compiere il suo primo brillante collaudo bellico. Ci narra l'episodio Mario Massai, giornalista aviatore di qualità eccezionali, che più tardi doveva fare olocausto della propria vita alle nuove conquiste dell'ala fascista, in questi termini:

«È il 5 agosto. In quello stesso pomeriggio giunge notizia che un esploratore rosso sta bombardando il porto e la città di Larache, sulla costa atlantica del Marocco. Parte subito una pattuglia di due trimotori legionari. Arriva su Larache e attacca decisa la nave, tempestandola di bombe da 50. L'esploratore si difende energicamente con l'artiglieria, ma desiste subito dalla sua azione e si allontana rapidissimo. Il giorno dopo si sa che esso ha sbarcato a Gibilterra alcuni morti e feriti dell'equipaggio.

Collaudo interessante. Il blocco dello Stretto, o più esattamente il controllo di quelle acque, è tenuto da una corazzata, la «Jaime I», da due incrociatori «Libertad» e «Cervantes», da sette moderni cacciatorpediniere e da otto sommergibili. L'Aviazione del Tercio, su tre pattuglie, si dà a battere il mare, coadiuvata nell'osservazione dai vecchi apparecchi spagnoli. La flotta è intimidita, s'allarga, tende a stare vicina a Tetuan, zona internazionale, o a Gibilterra. Un cacciatorpediniere, rimasto troppo vicino a Ceuta, viene costretto a riparare a tutto vapore a Gibilterra; un altro fugge nell'Atlantico, a oltre 50 miglia dallo Stretto, fatto segno a metodico lancio di bombe che evita con continue accostate.

I pochi apparecchi dell'Aviazione del Tercio, uniti ai pochissimi dell'aviazione di Franco, avevano così, in breve, con instancabile azione, costretto le forze navali rosse ad allontanarsi;

avevano rotto il blocco navale. Il collaudo aveva quindi dato risultati più che soddisfacenti, forieri di immancabile gloria a breve scadenza. Sull'aviazione si poteva perciò fare sicuro affidamento: contando sul suo efficace concorso, il generale Franco poteva pensare già al tentativo di trasportare dal Marocco alla Spagna la guerra di liberazione. È da ricordare che per il trasporto dei suoi convogli Franco temeva molto l'intervento della flotta rossa e magari l'aiuto di qualche nave franco-inglese; Bonomi lo rassicurò dicendogli che i suoi convogli li avrebbe fatti passare lui. Infatti Bonomi fece abilmente spargere la voce a Tangeri che avrebbe bombardato senza alcun riguardo tutte le navi che avrebbe visto in navigazione nello stretto di Gibilterra durante i movimenti del convoglio, ed infatti le navi da guerra se ne andarono.

Marocco non era stato che un episodio, l'episodio iniziale, al quale nella penisola faceva corona l'insurrezione esplosa in non pochi centri dove già la Spagna nazionalista si era, affermata a prezzo di sangue. La vera guerra stava ora per iniziarsi ed in questo il contributo dell'Aviazione del Tercio, che andava rapidamente irrobustendosi, doveva dimostrarsi nulla di meno che decisivo.

Si pensò dunque alla formazione del primo convoglio navale con il quale si sarebbero trasportate le truppe ed i materiali ad Algesiras. E mentre la preparazione per questa impresa si andava svolgendo, gli aerei legionari, in una giornata d'intensa attività, si adoprarono a spianare la strada abbattendo gli eventuali ostacoli. Infatti il 5 agosto, una pattuglia di tre bombardatori, attraversato il Mediterraneo e sorvolata la Sierra Nevada si spinse sul cielo di Guadix ove i rossi si apprestavano a fare impeto contro Granata, tenuta dai nazionali. Qui giunta la pattuglia rovesciò il suo grosso carico di bombe sul campo d'aviazione e sulla stazione ferroviaria riuscendo a paralizzare l'intenso traffico. Nello stesso tempo un'altra azione aerea dei bombardatori si svolse sul mare, del quale era necessaria la libertà per il passaggio del convoglio. Due trimotori, nel compiere il servizio di sorveglianza sul mare, scorsero nello stretto una formazione navale dei rossi, forte di un incrociatore, di quattro siluranti e di tre navi più piccole, distanziate queste ultime. Con impeto i due apparecchi legionari attaccarono la flottiglia che subito evoluì e abbozzò un tentativo di difesa; ma poco dopo, intuito il pericolo, le navi si sottrassero all'azione aerea riparando veloci oltre lo stretto, nell'Atlantico. Il tratto di mare tra Ceuta ed Algesiras era, così, sufficientemente libero: le insidie esistevano, specialmente quelle subacquee, ma non si poteva procrastinare oltre; d'altra parte l'Aviazione del Tercio vigilava. E il giorno seguente l'impresa fu compiuta.

«Giovedì 6 agosto. Il convoglio — narra il fedele cronista — è pronto a Ceuta. Sono 5 grosse navi mercantili che hanno a bordo più di 4000 uomini di truppa, diverse batterie di artiglieria da campagna, gran quantità di materiale bellico. La mattina l'Aviazione Legionaria perlustra accuratamente il mare, allontanando ancora con le sue puntate e col lancio di esplosivo parecchie navi rosse. Nelle prime ore del pomeriggio un apparecchio legionario esce ancora, persegue accanitamente un cacciatorpediniere, che fugge a tutto vapore cercando di coprirsi con cortine di fumo. Dall'apparecchio si lancia per radio il segnale convenuto a Ceuta. Il convoglio può uscire. Operazione lenta, che dura quaranta minuti. I bastimenti puntano a tutta forza su Algesiras. Tutti i trimotori dell'Aviazione Legionaria sono in crociera sopra di essi, a bassa quota, attenti a sventare le insidie. Due sommergibili vengono scoperti, fra due acque, bene accosto alla rotta del convoglio. Il lancio di bombe è furioso su quelle ombre scure di grandi squali in agguato. E' in quell'inferno di scoppi che le unità subacquee rosse scoccano i siluri contro i trasporti. Le manovre pronte dei bastimenti ed il lancio affrettato, sotto l'infernale tiro dei trimotori, rendono vano l'attacco. E uno dei due sommergibili, ferito a morte, cola a picco lasciando sul mare una gran chiazza oleosa.

A metà dello stretto, un cacciatorpediniere rosso, uscito da Tangeri, riesce ad avvicinarsi dapprima, malgrado il bombardamento dei due trimotori che gli sono andati incontro, poi a tagliare il convoglio. Ma tutte le macchine dei legionari si avventano: non un colpo di cannone esso può sparare sui bastimenti, che tutta la sua artiglieria deve disperatamente fare fuoco contraereo. Viene staccato di forza dai trasporti, spinto verso l'Atlantico, inseguito a lungo da

una pattuglia a bombe e mitraglia. Due altre siluranti, provenienti da Malaga, tentano un ultimo attacco. Gli aerei le tengono distanti, le bersagliano di bombe da 50, ne assorbono con le loro manovre minacciose l'artiglieria, usata contro gli aerei e non sui trasporti, le mettono infine in fuga. Ma una di esse, colpita più dell'altra, si stacca. È appoppatissima; più tardi la si sente lanciare «S.O.S.» angosciosi. Non rientrerà a Malaga. L'altra, lo si saprà il giorno seguente, ripara a Gibilterra, ove sbarca 8 morti e 18 feriti gravi. Al tramonto, nella baia di Algesiras, i legionari del Tercio, i «regulares» e le batterie stanno già sbarcando».
Dopo che Franco riuscì a trasportare il corpo di spedizione dall'Africa ad Algesiras, la stampa francese scrisse che erano stati Bonomi e Muti a far passare l'esercito spagnolo dell'Africa. Migliore elogio non poteva esser fatto all'opera dell'aviazione del Tercio. Gli infaticabili aviatori infatti, erano animati dall'energico colonnello Bonomi e dall'ardore inesauribile del capitano Muti e si erano prodigati in maniera stupenda.
Vale la pena di dare qualche particolare sulle straordinarie vicende di quei voli storici perché proprio da quei voli trae inizio la luminosa e gloriosa storia dell'Aviazione Legionaria nata Aviazione del Tercio.
È noto che il colonnello Bonomi era a bordo di un apparecchio tipo «Douglas» civile trasformato in bombardiere a mezzo di due cucchiaie laterali sulle quali venivano messe man mano le bombe da 50 chilogrammi. Lo apparecchio era quello del capitano Haya, valorosissimo campione spagnolo che conosceva perfettamente tutto il territorio costiero e interno di Spagna. Bonomi ed i suoi piloti adoperavano le carte «Michelin», al 400.000, stradali, in mancanza di regolari carte aggiornate ed adatte alla navigazione aerea.
Le prime formazioni di Franco erano dunque passate attraverso lo Stretto, e questo lo si dovette principalmente all'opera dell'Aviazione Legionaria. Opera preziosa, utilissima, che già in questo inizio doveva dare una chiara dimostrazione delle grandi possibilità e dei compiti decisivi che all'aereo spettavano. Abnegazione, sacrificio, valentia dei piloti, bontà del materiale, efficienza di organizzazione, un complesso cioè di doti magnifiche, si erano rivelate nell'Aviazione Legionaria già dai primi giorni del suo impiego. Il nucleo attorno al quale doveva poi formarsi la potente Aviazione Legionaria dominatrice dei cieli spagnoli aveva scritto, a guisa di premessa, una pagina aurea nel libro della guerra per la liberazione iberica, l'aveva scritta là dove la rivoluzione aveva preso le mosse.
«Peccato — narra nel suo vivo diario il colonnello Bonomi — non avere avuto una maggiore disponibilità di apparecchi e non avere bombe ritardate! Lo scopo però è egualmente raggiunto perché anche se non riusciamo a danneggiare seriamente le navi rosse, con la nostra azione intimidatoria riusciamo a tener libero lo Stretto in modo che si possa mantenere fra il Marocco e la Spagna il collegamento via mare indispensabile per rifornire l'Esercito d'Africa».
La fama degli aviatori legionari d'Italia, ai quali il destino aveva serbato l'onore di aprire la strada alle truppe della riscossa, si era dunque affermata brillantemente. Un seguito innumerevole di vittorie, di sacrifici e di eroismi sarà il corollario di gloria alla prima ardimentosa gesta.
Oggi assai più di ieri appare chiaro quanto fu efficace il concorso degli aerei alla causa di Franco. Se tale concorso fosse mancato, forse i primi scaglioni di truppe nazionali non si sarebbero trasferiti subito dal Marocco alla Spagna e la rivoluzione sarebbe stata stroncata sul nascere, o, per lo meno, facilmente circoscritta al territorio coloniale. Franco, in quel momento, non aveva dalla sua la flotta navale; il dominio dei mari era ancora dei rossi; senza dover lottare contro forze navali avversarie, agevolissimo per i rossi sarebbe stato l'impedire lo sbarco di truppe sul continente europeo. E così pensavano essi che accadesse. Ma l'Aviazione del Tercio, nata dallo spirito volontaristico degli aviatori fascisti, risolse altrimenti ciò che per i bolscevichi del governo di Madrid era sino ad allora apparso come un semplice giuoco. I bombardieri legionari avevano capovolto la situazione. Franco, alla supremazia rossa sul mare aveva opposto la sua supremazia in aria; il successo gli era arriso.
A chi vuole trarre i primi insegnamenti dalla guerra tra forze navali e forze aeree, le azioni

svoltesi nella ricordata occasione possono offrire materia di meditazione. Unicamente con mezzi aerei fu infatti conseguita la protezione di un convoglio, diversamente indifeso, contro l'offesa di numerose forze navali. Ed i mezzi aerei, nella circostanza, erano stati di proporzioni assai ridotte.

Gli apparecchi da bombardamento dell'Aviazione del Tercio, avevano, così, data una netta dimostrazione delle loro possibilità; il cordone navale steso dai rossi a sbarramento dello stretto avevano finito la sua funzione. Tutto questo si doveva all'opera dell'Aviazione Legionaria.

Dalla base di Tetuan gli apparecchi legionari, nei soli giorni dal 4 al 9 agosto, si erano levati in volo per svolgere una quindicina di azioni, tutte pericolose e tutte di rilievo. Tali azioni erano state portate brillantemente a termine. I ripetuti bombardamenti di navi rosse, particolarmente quelli effettuati nel porto di Malaga dove le navi avevano cercato rifugio, avevano chiaramente ammonito sulle possibilità, sull'efficienza e sullo spirito combattivo dell'Aviazione di Franco, nata come Aviazione del Tercio.

L'esordio non poteva essere migliore; l'Aviazione del Tercio si era assunta l'arduo compito di rendere possibile il passaggio dello stretto alle navi cariche di truppe del Generale Franco, ed aveva magnificamente raggiunto l'intento.

NEI CIELI DI ANDALUSIA E DELLE BALEARI

La guerra era stata portata dall'Africa all'Europa. La rivolta si era rapidamente estesa e non meno rapidamente le forze terrestri di Franco, in pochissimo tempo organizzate, andavano ampliando l'occupazione territoriale. Dalla costa meridionale della penisola, da Algesiras e da Cadice, l'esercito dei nazionali dilagava verso il settentrione. Nella prima decade del mese di agosto del 1936 il Comando delle forze nazionali si era trasferito a Siviglia mentre l'esercito, nel quale già affluivano i volontari italiani, procedeva sollecitamente oltre l'Andalusia e sboccava nell'Estremadura.

Anche i bombardieri legionari, lasciati due apparecchi a Tetuan, si portarono con tutto il resto della sempre esigua forza nei cieli europei.

E' in questo periodo che si formò l'Aviazione Legionaria da caccia: necessaria perché dal lato dei rossi, ai quali già erano pervenuti in gran copia gli aiuti delle potenze nemiche della Spagna, si cominciava ad avvertire una preponderanza aerea che minacciava di soffocare sul nascere la rivoluzione franchista. Con i veloci ed agili Fiat «CR 32» si formò subito il primo nucleo della «caccia» legionaria, nella quale accorsero quei piloti fascisti che tante belle prove di non comuni ardimenti avevano offerto alle folle di tutta l'Europa. Nei cieli limpidi di Spagna si ritrovarono piloti che in altri tempi s'erano conosciuti nei campi d'aviazione d'Italia e dell'Africa orientale. Nel cielo le potenti macchine da bombardamento, sempre più intensamente impiegate, avevano al loro fianco i saettanti e vigili «caccia»: l'Aviazione Legionaria, dunque, andava celermente completandosi nelle specialità, così come si sviluppava nel numero.

Il raggio d'azione s'era ampliato a semicerchio dalla costa mediterranea al confine portoghese. Necessariamente gli aerei battevano soprattutto le vie lungo le quali si sviluppava la marcia degli eserciti di Franco, e questo accadeva anche se la base di partenza continuava ad essere Tetuan, nel Marocco.

Si può dire che l'Aviazione del Tercio non abbia riposato un solo istante sugli allori raccolti nei primi giorni di attività bellica, ma che anzi dai fulgidi successi abbia tratto incitamento per compiere sempre maggiori imprese. Ne è prova l'attività dimostrata in questo periodo di caldissima estate. La cronaca è densa di notizie che riguardano l'attività dei bombardieri legionari, ed è difficile seguirla. Ricordiamo qualche episodio.

Ed ecco le prime azioni a vasto raggio nell'interno della penisola. Il giorno 2 una pattuglia di tre apparecchi legionari parte da Tetuan. Sorvola il mare e tutta l'Andalusia, penetra nell'Estremadura fino a Merida, importante nodo di comunicazioni dove i rossi sono sistemati a difesa. Sulle opere fortificate gli aerei rovesciano ingenti quantitativi di bombe e seminano il panico sui miliziani. L'effetto del bombardamento è disastroso per i rossi, tanto che essi sono costretti a sloggiare dalla città in tutta fretta e a guadagnare zone più sicure verso Caceres e verso Villanueva de la Serena con lo scopo di sottrarsi ad eventuali nuove apparizioni dei tremendi bombardatori. Sulla via del ritorno gli apparecchi legionari segnalano quanto è avvenuto ad una colonna di nazionali in marcia verso Merida, dove entra senza colpo ferire. L'importanza di questa occupazione va rilevata, perché è da Merida che passa la linea ferroviaria che collega l'Andalusia al Leon, attraverso la vastissima terra di Estremadura, ed è a Merida che perviene la ferrovia attraverso il confine ispano-portoghese di Badajoz. Occupata Merida, il respiro territoriale per i nazionali è considerevolmente ampliato e già può parlarsi della possibilità di collegamento tra i nazionali operanti dal mezzogiorno con il generale Franco e quelli che si sono liberati dal giogo bolscevico nel Leon, nella Vecchia Castiglia, nella Galizia. Non solo: l'occupazione di Merida pone in situazione difficilissima i rossi che sono a Badajoz, la cui resistenza non può protrarsi oltre. Ma anche qui occorre l'intervento dei bombardatori legionari. Infatti il giorno dopo, quattro trimotori «Savoia Marchetti», partiti dalla lontana Tetuan, compaiono nel cielo di Badajoz e seminano il terrore tra i comunisti che hanno intenzione di difendere la città. Anche qui l'opera dell'aviazione semplifica il compito alle truppe nazionali, le quali poco dopo possono procedere all'occupazione della città, ampliando il territorio della Spagna nazionale.

Nella mattinata del 9 agosto alcuni trimotori legionari si levarono in volo da Tetuan e si diressero su Malaga, dove, come risultava da sicure informazioni, si erano rifugiate unità navali dei rossi. Attraverso il Mediterraneo, in perfetta formazione malgrado la densa foschia che rendeva il volo quasi cieco, gli aerei legionari giunsero sopra il porto di Malaga e, scorte le navi rosse, le molestarono per lungo tempo. Non fu possibile osservare l'effetto del bombardamento, anche perché le nubi basse rendevano difficile l'azione, né si seppe se le navi furono colpite con le bombe; ma da quel giorno le soste del naviglio rosso nel rifugio di Malaga diventarono rarissime. A Malaga furono anche incendiati i depositi di nafta e quelli di munizioni. Ma senza dubbio il maggiore risultato fu quello ottenuto nei riguardi della flotta rossa, per la quale non esisteva più requie in un raggio assai vasto intorno allo stretto di Gibilterra; diventava più salutare far rotta verso oriente e cercare più sicuri rifugi molto lontano dalla base dell'Aviazione del Tercio. Occorreva sottrarsi in ogni modo al martellamento del cielo.

In questi giorni l'aviazione da bombardamento si trasferisce sul continente: a Siviglia, dove viene apprestata la nuova base, che, più prossima agli obiettivi, consente un più immediato contatto con le forze operanti a terra.

È da Siviglia, dal campo di Tablada, che i possenti trimotori partono per rinnovare il bombardamento di Gaudix ad occidente di Granada. È da Siviglia che i bombardieri si spingono nuovamente su Malaga e sul mare.

A Siviglia Bonomi ed i suoi piloti erano presi d'assedio ogni giorno per le strade dalle ragazze che appuntavano sulla camicia Madonne e Madonnine, santi e distintivi, di ogni genere e, nell'entusiasmo di agguantare gli aviatori italiani, le ragazze bucavano spesso la pelle e allora Bonomi che non aveva ancora una divisa definitiva si mise la camicia nera e sopra le insegne del Tercio.

Una faticata tremenda per Bonomi ed i suoi aviatori era il trasporto delle munizioni di lancio dall'Africa a Siviglia. Tutta la strategia di Bonomi consisteva nel manovrare in maniera da far vedere che aveva a disposizione non sette apparecchi, ma almeno una cinquantina e così con frequenti voli in Africa e verso il Nord ingannava non solo i servizi rossi ma anche tutti i servizi stranieri che pullulavano a Siviglia.

Bonomi non disponeva di armieri e quindi doveva pensare lui a mettere i governali e le spolette alle bombe, a mettere a posto gli spezzoni ed a caricarli sugli apparecchi. Il bello era che quando arrivava l'ordine di bombardare le navi, gli apparecchi magari erano carichi di spezzoni e allora bisognava faticare come bestie per scaricare gli apparecchi e ricaricare le munizioni.

Ogni quarto d'ora uno dei piloti legionari partiva da Siviglia e andava a bombardare Malaga sia di giorno che di notte e tutto questo per ottenere che non solo la flotta rossa ma anche le navi franco-inglesi uscissero da quel porto; ed infatti sotto la pioggia reiterata di bombe, le navi se ne andarono a Barcellona ed a Cartagena e Franco poté cominciare l'avanzata su Malaga.

Bonomi e Muti ogni giorno andavano e venivano per i campi nazionali sorvolando lunghi tratti, anche centinaia di chilometri di territorio occupato dai rossi, trasportando munizioni ed armi e rientrando quindi con gli apparecchi completamente disarmati il che non era davvero gradevole.

Bonomi e Muti portavano sempre un grande fazzoletto rosso al collo perché in caso di atterraggio in territorio rosso si sarebbero levati i gradi spacciandosi per rossi e per poi svignarsela.

Una sera da Barcellona, alla radio, un rinnegato romagnolo chiamò Bonomi e Muti apostrofandoli con la frase «venite qua se avete coraggio!».

Quel rinnegato se è ancora in vita dovrà ammettere che Muti ha mantenuto la parola anche per Bonomi, andando a Barcellona di persona ed entrando per primo nel Gabinetto del fuggitivo Negrin, dove trovò anche la prima edizione del libro «L'Aviazione Legionaria in Spagna» con una copia di una lunga relazione presentata al Comitato di non intervento.

Bonomi dice che Muti è tutto un episodio. E ce ne sono alcuni che sono veramente straordinari. In questa lunga serie di operazioni aeree, svoltesi tra le coste marocchine e quelle spagnole, e in tutta la movimentata serie dei bombardamenti effettuati, Ettore Muti ha portato sempre lo spirito ardente dello squadrista e l'entusiasmo dell'aviatore che con Galeazzo Ciano aveva sfidato l'incrociarsi delle raffiche di mitragliatrici sul campo di Addis Abeba. Fu bellissima l'azione di bombardamento di notte davanti a Huelva sulla nave da guerra «Cervantes», sulla quale si gettò a tutto motore lanciandovi sopra le grosse bombe da soli 300 metri di altezza, ricevendo in pieno i terribili contraccolpi delle esplosioni. La nave fu danneggiata e per poco l'audacissimo pilota non fu travolto con tutto l'equipaggio, dopo una caduta fin sul pelo dell'acqua. Nelle azioni di Malaga, Ettore Muti fu l'instancabile bombardatore delle opere militari e delle navi del porto, ed una volta un colpo antiaereo colpì il suo apparecchio portando via quasi interamente un motore. Nonostante il terribile accidente Muti riportò l'apparecchio all'aeroporto di Siviglia.

D'allora in poi le incursioni dei bombardieri legionari si fecero sempre più frequenti e su località sempre più varie. I trimotori volarono a spianare a gran colpi di esplosivo le strade per l'avanzata delle truppe nazionali; per gli aviatori legionari non esisteva il rischio, non c'erano condizioni atmosferiche avverse. La bellicosità del nemico non era capace di frenare l'impeto; le difese che i rossi andavano disponendo non riuscivano a trattenerli.

Così fu a Cordoba, dove i bombardieri da soli riuscirono a spezzare un forte attacco nemico; così fu pure nella zona di Navalmoral, nel cielo di Granada, in quello di Madrid. Né vanno dimenticati i bombardamenti effettuati sulla fabbrica d'armi di Toledo e sull'aeroporto di Malaga.

Le possenti macchine alate legionarie già si erano create, in pochi giorni, una vasta fama, una specie d'aureola di leggenda, e, fuori dei confini ispanici, negli ambienti aeronautici, si parlava sin d'allora con un senso di evidente meraviglia dell'opera che andavano compiendo. L'attività che svolgevano nei cieli d'Andalusia e di Estremadura si faceva sempre più intensa, sempre più serrata, sempre più redditizia. Di questa instancabile attività si giovavano moltissimo le truppe operanti a terra, che molte volte, avanzando, trovavano rimossi e divelti tutti gli ostacoli, abbattute tutte le difese, annientate tutte le resistenze. I comunisti erano completamente disorientati, anzi terrorizzati, dall'opera distruttiva dell'Aviazione Legionaria da bombardamento, contro la quale nulla potevano opporre, tanto più che la presenza di questi pochi bombardatori era generale sui fronti di battaglia. Fulminei, i rapidi trimotori piombavano sulle colonne dei miliziani in marcia, sulle opere difensive, sui punti di concentramento. Ovunque erano presenti con carichi impressionanti di bombe, la cui potenza distruttiva oltrepassava la possibilità di descrizione. Nei cieli della Spagna meridionale il dominio dei bombardatori legionari era assoluto, e questo dominio seppero conservarlo anche in seguito perché l'aviazione da caccia era già sorta a spalleggiarli.

Intanto la protezione delle navi che, cariche di armati e di mezzi bellici attraversavano lo stretto, non venne rallentata. Il pericolo era ormai allontanato perché le navi dei rossi si tenevano prudentemente lontane dopo l'esperienza dei primi giorni; ma occorreva sempre vigilare. E l'aviazione legionaria vigilò instancabile preparando le nuove fortune dell'esercito nazionale.

Contemporaneamente l'Aviazione Legionaria cooperò all'occupazione della maggiore isola delle Baleari. Fu un pugno di legionari in borghese, a capo dei quali era l'intrepido squadrista

Arconovaldo Bonaccorsi, che effettuò il colpo di mano a Palma di Maiorca con valore leggendario e fu una pattuglia di aerei del Tercio, comandati dall'ardimentoso colonnello Gallo, che in terra spagnola aveva assunto il nome di Cirelli, a dare man forte, dall'alto, agli ardimentosi. Maiorca doveva diventare, e diventò, una formidabile base per l'Aviazione Legionaria.

Il movimento insurrezionale alle Baleari ebbe svolgimento del tutto particolare. Le isole erano affidate al generale Godet, Governatore generale delle Baleari residente a Maiorca. Godet, amico di Franco e fedele nazionalista, allo scoppiare del movimento si schierò dalla parte di Franco e, presa nelle sue mani la situazione, dichiarò l'isola aderente al movimento nazionalista. Minorca, famosa per le sue fortificazioni, per la condotta poco decisa dei comandi militari, cadde in mano ai sottufficiali che, la stessa notte del 18 luglio, formarono i soviet e fucilarono o massacrarono immediatamente tutti gli ufficiali. Lo stesso, ma in tono minore, accadde nelle altre isole delle Baleari. Si sa che le Baleari sono la chiave della Catalogna e della Spagna orientale; senza il loro possesso non è possibile dominare la costa orientale spagnola che è, poi, la parte più attiva ed importante della Spagna industriale e militare.

Purtroppo il generale Godet, partito per mettersi a capo del movimento a Barcellona, giunse nella città quando questo era praticamente soffocato e nel suo disperato tentativo perse la vita. Per quanto neutralizzata dalla vicinanza di Minorca rossa, la presenza dei nazionalisti a Maiorca era una grave preoccupazione per la Generalità di Catalogna; per questo e per gli sviluppi avvenire della situazione, la Generalità, sotto la spinta dei rossi, volle il possesso assoluto delle isole, dalle quali dipendeva la sorte di ogni possibilità di resistenza futura. Fortunatamente l'Aviazione Legionaria, rapidamente costituitasi con volontari ed apparecchi italiani, giunse in tempo e con la sua irruenta e totalitaria azione diede modo a Franco di disporre delle basi militari atte a neutralizzare le basi rosse del Mediterraneo, e, quel che è meglio, ogni azione dei sovietici, che, padroni delle Baleari, avrebbero potuto, indisturbati, agire e stroncare dal mare tutte le possibilità di Franco. Le conseguenze sarebbero state gravissime per tutto il movimento nazionalista.

Barcellona, dunque, e cioè lo Stato Catalano, da cui le Baleari territorialmente dipendevano, preparò una spedizione punitiva contro Maiorca, tenuta dai nazionali di Franco. Da Valencia e da Barcellona partirono in tutto seimila uomini su navi scortate dal «Cervantes», «Mendez Nuñez» ed «Almirante Cervera», oltre che da cinque sommergibili. Tutti i peggiori elementi anarchici di Catalogna erano stati inviati per saccheggiare la ricca isola e punire «los fascistas». Appoggiato dal fuoco delle navi, lo sbarco avvenne a Porto Cristo. A Maiorca gli elementi nazionalisti, organizzata come poterono una resistenza, furono tuttavia costretti a cedere terreno di fronte alle forze superiori, anche perché gli elementi rossi dell'isola, riunitisi in bande e preso coraggio per l'aiuto pervenuto, tentarono la riscossa. Occorse del tempo e ci vollero sacrifici affinché i nazionalisti riuscissero a riprendere in mano le redini della situazione interna; a ciò fortunatamente pervennero dopo qualche giorno, nonostante il bombardamento navale ed aereo dei rossi. Allora le forze nazionaliste tentarono di arginare la pressione dei catalani e di respingerne l'avanzata. Gli aerei rossi dominavano nel cielo, non avevano avversari e potevano svolgere in pieno la micidiale azione. Rapidamente fiaccarono la volontà di resistere della cittadinanza e delle truppe, soggette al bombardamento quotidiano degli aerei ed al blocco della marina rossa. Il giorno 26 la situazione era agli estremi. Ma interviene il conte Aldo Rossi, o meglio il generale Arconovaldo Bonaccorsi, giunto a Maiorca su un trimotore da bombardamento. Il suo coraggio e quello di alcuni giovani ufficiali permetteva la resistenza ed il rapido capovolgimento della situazione. Solo il valore di pochi poté contenere la sfiducia di ogni tentativo di resistenza che aveva ormai galvanizzato gli animi di tutti. La difesa era praticamente sostenuta da un gruppo di valentissimi ufficiali di cavalleria per la maggior parte messi al confino dal Governo di Madrid per sospetta simpatia verso i nazionalisti e soprattutto dal capo dei falangisti marchese De Zaya che aveva lottato come aveva potuto contro l'indifferenza e l'indecisione delle autorità ed aveva organizzato squadre di falangisti dotate di altissimo entusiasmo e di decisa volontà di morire tutti prima di cedere.

A questo punto entra in scena l'Aviazione Legionaria. Il suo comandante — allora maggiore Gallo — giunse nell'isola in borghese e dopo aver preso contatto con i capi si dedicò al febbrile lavoro per organizzare la base necessaria agli aerei in arrivo. Intorno a lui si offrirono volontari tanti animosi ufficiali spagnoli e falangisti di tutte le armi ed in breve nacque una organizzazione che, se nel primo momento sostituì alle tremende deficienze tutto il proprio entusiasmo, dopo raggiunse una perfezione tecnico-militare tanto notevole da rappresentare un vero e proprio genere. I lavori furono compiuti sotto il continuo fuoco delle navi della flotta venuta da Cartagena e degli aerei; tuttavia a poco più di cinque ore dall'arrivo degli apparecchi — notte del 29 agosto — fu possibile far volare il primo «CR 32». Alla mattinata del 30 agosto fu compiuta la prima azione contro il campo di aviazione avversario. I mezzi disponibili furono dapprima lanciati contro la base con l'intento di attaccare il più numeroso avversario di sorpresa. Infatti fu possibile distruggere cinque o sei aerei nella base di punta Amer. Il resto fu attaccato e distrutto in combattimento. Alla sera del 30 agosto tutta l'aviazione rossa era distrutta od in fuga. Le perdite avversarie furono di cinque apparecchi abbattuti e tre gravemente colpiti e costretti a scendere in mare. Appena conquistato il predominio dell'aria e la libertà di movimento, Gallo, in attesa degli apparecchi bombardieri, si mise a disposizione delle truppe e, con una collaborazione strettissima, si riuscì a sloggiare i rossi da varie importanti posizioni. Gli aerei da caccia, gli unici disponibili in quel momento, andarono all'attacco mitragliando le posizioni come degli autentici assaltatori, sloggiando il nemico e dando ai nazionali la possibilità di occuparle senza contrasto. Non si fermarono nemmeno davanti alle navi e spesso furono visti i piccoli aerei da caccia attaccare i trasporti o le navi da guerra con violente mitragliate in coperta riuscendo a far loro abbandonare il tiro contro le posizioni a terra dei nazionali.

Il comando delle azioni riuscì ad organizzare operazioni a terra alle quali collaboravano gli aerei con la preventiva preparazione del terreno ed il mitragliamento delle posizioni e delle truppe rosse che venivano poste in fuga.

In attesa dell'arrivo dei bombardieri, Bonaccorsi organizzò colonne di falangisti e soldati che sotto la protezione dei caccia legionari attaccarono i rossi i quali cominciarono a ripiegare. Poiché non vi erano più aerei rossi in volo, i caccia, comandati da Cirelli, cioè il colonnello Gallo, furono impiegati come punte di colonne, simili a *tanks aerei,* contro le truppe e le retrovie e financo nel mitragliamento delle unità da guerra. In attesa degli apparecchi da bombardamento, gli «S. 81», l'aviazione da caccia non fece altro che osare.

Il 31 agosto, a sera, giungono tre trimotori legionari; il giorno seguente s'inizia la riscossa. Gli apparecchi da bombardamento attaccano a tutte le quote le truppe, le riserve, le navi, riuscendo ad interrompere ogni possibilità di rifornimento delle forze a terra. Sempre intercettando il collegamento, si rivolgono contro le posizioni dei rossi che sono martellate sistematicamente tanto da far costringere questi a ritirarsi e a ridurre la zona occupata a qualche chilometro di terreno. Il morale di costoro è chiaramente dimostrato dalle disperate richieste di aiuto che il famoso capitano Bay, comandante della spedizione, rivolgeva al Governo di Madrid. Nei telegrammi che i nazionalisti intercettavano si notano il terrore e l'ammutinamento che avevano preso la mano al comandante tanto da dichiarare esplicitamente che se non giungevano rinforzi, tutto sarebbe andato perduto e con l'impresa anche gli uomini della famosa «Columna de las Baleares».

Il giorno 3, intanto, giungono rinforzi ai rossi: un incrociatore da diecimila tonnellate, il «Libertad», una corazzata, la «Iaime I», due *destroyers,* due piroscafi con duemila miliziani. La stessa notte gli aerei da bombardamento e da caccia attaccano: è un continuo rifornirsi ed attaccare, per evitare lo sbarco dei rinforzi; questi infatti non riescono a mettere piede a terra e finiscono col ritirarsi a Minorca. Il 4 settembre è il crollo per i rossi. Quelli a terra ormai non ne possono più. E' un vero carnaio; la demoralizzazione ed il panico ha preso tutti. Da sei giorni non c'è più collegamento con le navi perché ogni imbarcazione o rimorchiatore che tenta di sbarcare viveri e munizioni è sorpreso, attaccato ed affondato dagli aerei legionari. La notte del 4 il nemico è in fuga, e la fuga diventa presto una vera rotta. Le forze rosse si imbarcano precipitosamente durante l'oscurità, per sfuggire all'azione degli aerei legionari; ma le perdite sono enormi; moltissimi annegano e moltissimi cadono prigionieri.

Il cinque mattina la famosa «Columna de las Baleares» abbandona l'isola sotto il fuoco degli aerei legionari che inseguono le navi, A Porto Mahon, dove le navi rosse si rifugiano e dove il corpo di spedizione sbarca, il bombardamento degli «S. 81» si fa particolarmente micidiale. Moltissime bombe cadono sulle maone da sbarco cariche di uomini e di materiali e le imbarcazioni sono affondate nonostante la protezione di sette grosse navi da guerra e di quattro sommergibili.

Lo stesso giorno il Comando militare delle Baleari poteva annunciare alle superiori autorità: «Con l'inestimabile concorso dell'aviazione di Maiorca, che in breve tempo effettuò magnifico bombardamento, i marxisti sono stati completamente battuti».

Poi fu la volta di Ibiza, altra isola delle Baleari. Essa fu bombardata sistematicamente per due giorni da bassa quota e con precisione tale che in breve furono distrutte le centrali luce ed acqua, le opere militari ed affondati e danneggiati mezzi marittimi che erano in porto. Per non essere chiusi in trappola i rossi, dopo un vero e proprio ammutinamento, decisero d'imbarcarsi di notte non volendo compromettere il giorno dopo l'unica possibilità che un piroscafo ancora buono dava loro di salvarsi. All'alba del terzo giorno gli aerei volarono sull'isola e non subirono alcuna reazione; anzi al loro abbassarsi qualcuno agitava bandiere bianche. Il colonnello Gallo, allora, per rendersi conto di ciò che era avvenuto, insieme ad altri audaci si recò nell'isola camuffato da marinaio assicurandosi che la maggior parte dei rossi con quasi tutti i capi, era fuggita e che la resistenza per una eventuale occupazione poteva essere sopraffatta dai pochi mezzi che allora possedeva Maiorca. Due giorni dopo, sotto la protezione degli aerei legionari e senza che i rossi tentassero la benché minima resistenza, i nazionali sbarcavano ed occupavano Ibiza. Alla sera le poche bande rimaste nell'interno e che gli stessi capi avevano tradito, erano liquidate dai bravi falangisti di Maiorca.

Il giorno dopo fu la volta di Formentera. Dopo soli dodici giorni dall'arrivo di Bonaccorsi e di quello di Gallo le isole erano nazionaliste, meno Minorca che non si «volle» occupare per ragioni di squisita politica mediterranea. Però Minorca fu bloccata. Gli aerei non permisero nessun collegamento con la terraferma. In sei mesi, nei sei mesi successivi, poterono approdare a Minorca soltanto un cacciatorpediniere e due sommergibili, uno dei quali fu poi affondato. Le altre due navi giunsero di notte e ripartirono di notte, nella stessa notte, per essere precisi; cosicché sfuggirono all'osservazione aerea.

Su Porto Mahon, il porto maggiore dell'isola, furono eseguiti reiterati bombardamenti: 32 in poco tempo, e numerose ricognizioni. Gli obiettivi militari più importanti furono ripetutamente colpiti, anzi quasi demoliti.

Dell'opera dell'Aviazione Legionaria alle Baleari diremo altrove più diffusamente, ma intanto è bene ricordare che, finita la guerra terrestre nelle isole, l'Aviazione Legionaria iniziò quella guerra di corsa che documenta quale fu lo spirito di sacrificio degli aviatori delle Baleari e prova quanto ci si può attendere da un nucleo di gente decisa e coraggiosa contro il traffico navale in una eventuale guerra nel Mediterraneo.

A parte la memorabile impresa delle Baleari, l'Aviazione Legionaria, svolse instancabile attività con ripetuti bombardamenti durante la seconda e terza decade di agosto. Ben ventidue azioni furono effettuate e felicemente portate a termine dai bombardieri del «Tercio», che muovendo da Siviglia, tennero il cielo di tutta la Spagna sud-occidentale e controllarono il mare tra la costa spagnola e quella marocchina.

Menda, Badajoz, Guadix, Antequera, Cordova, Malaga, Costa del Rio, Navalmoral de la Mata, Oropesa, Toledo, Huelva, videro spesso i potenti trimotori legionari. Le opere militari di queste località e le truppe rosse che ivi si trovavano conobbero l'irruente, tempestivo attacco dei bombardieri del Tercio. Ovunque, in questo lembo di Spagna, le colonne dei nazionali marciarono con l'appoggio e la protezione delle forze aeree legionarie.

E se si considera che tutta l'Aviazione Legionaria da bombardamento non sorpassava nel periodo iniziale della guerra la decina di apparecchi, ben si può giudicare quanto intensa sia stata l'attività per i piloti e per il personale di terra. Ma tutti gli uomini dell'Aviazione Legionaria non hanno mai avuto un attimo di stanchezza o di rilasciamento.

VERSO MADRID

L'estendersi della rivolta ed il suo rapido mutarsi in una vera e propria guerra, il sorgere di nuovi fronti di combattimento, il dilagare verso Madrid dell'esercito nazionale avevano determinato, necessariamente, l'ampliarsi del campo d'azione da parte dell'aviazione di Franco e avevano richiesto il suo irrobustimento.

Tanto più che l'aviazione rossa si era, a sua volta, sviluppata numericamente ed era migliorata qualitativamente per gli aiuti delle Potenze democratiche.

Poiché il bombardamento nemico aveva cominciato a diventare attivissimo preoccupando i Comandi nazionali e poiché s'erano visti anche comparire numerosi apparecchi da caccia rossi, fu necessario, per Franco, contare su un nucleo di aviazione da caccia.

Questo nucleo iniziale fu dato da una squadriglia di «CR 32» nella quale militavano i volontari legionari e alcuni nazionali. Il suo nome fu «Cucaracha».

A chiamarla così furono per primi i marocchini che, con la loro fertile immaginazione, paragonarono i mimetizzati «Fiat CR 32» dei legionari alle «cucarachas», cioè agli scarafaggi con le ali e dalla punzecchiatura velenosa. La chiamavano così, legionari italiani e spagnoli di Franco, per la meravigliosa spensieratezza dei suoi componenti, tutti piloti giovanissimi, volitivi, amanti del rischio. Un altro nome avrebbe guastato, perché la gioiosità con cui i piloti andavano al combattimento, alla garibaldina, era spontanea e senza dubbio inimitabile.

Delle gesta dei piloti di questa audace squadriglia occorre dire dettagliatamente, che di qui hanno inizio gli eroismi e gli ardimenti dei cacciatori legionari susseguitisi per tutta la durata della guerra.

La squadriglia era nata nell'ultima decade di agosto, a Caceres, nell'Estremadura, poco dopo che quella località era stata occupata dai nazionali. Di là gli sfreccianti «Fiat», rapidi e manovrabilissimi, si erano subito levati in volo, pilotati superbamente da uomini che seppero dimostrare in breve grandi qualità di cacciatori. Tutti questi piloti, dai pochi anni ma dalla lunga esperienza, si erano arruolati nel «Tercio» soltanto qualche settimana prima, col solo bagaglio del più puro ardore combattivo e senza pretese. Ma la celebrità non doveva ad essi mancare: del loro impeto, del loro eroismo e della loro valentia dovevano essere testimoni i cieli di Estremadura e di Castiglia per settantasei giorni. Sì, solo settantasei giorni, perché tale fu il periodo di vita della gloriosa squadriglia, che più tardi doveva diventare un gruppo.

E non erano molti. Dodici apparecchi, all'inizio, in tutto. Ma tanto attiva fu la vita della squadriglia che i piloti apparvero al nemico, per numero, come quelli di un intero stormo.

Ovunque, sul fronte tutto a salienti e a sacche, che cominciava a formarsi lungo la Sierra di Guadalupe, verso Talavera, verso Toledo ed anche verso Madrid, gli aerei della «Cucaracha» tenevano il cielo incrociando per la sicurezza dei fratelli maggiori e per opporsi alle incipienti aggressioni dei bombardatoti rossi. Dai primi giorni di settembre puntando verso occidente e verso settentrione a conforto delle truppe di Franco che combattevano a terra. Dall'alto gli apparecchi legionari della «Cucaracha» costituivano la migliore e più sicura garanzia per le truppe terrestri, tra le quali i reparti formati dai volontari italiani facevano già parlare di sé la storia della liberazione di Spagna, e garantivano anche ai bombardieri legionari le vie del cielo delle offese della caccia avversaria.

Tra gli aquilotti legionari della ardimentosa squadriglia alcuni s'erano subito resi celebri per le loro imprese. Un'aureola di leggenda, alimentata continuamente dal puro eroismo, circondava la fama della squadriglia e dei suoi componenti. I nazionali ne seguivano con ammirazione le gesta audaci, sempre rischiose, spesso temerarie. I rossi la temevano ed avevano ragione, perché non erano capaci di contenerne l'impeto, di combatterla e di vincerla. Qualche nome di questi audaci del cielo: Limonesi, Arrighi, Saletti, Giri, Pasquirotto, Boetti, lo spagnolo Morato, coi compagni Salas e Salvador, Franceschi, Mainetti, Monico, Boccolari, Padula, Gabrielli, Jacobini, Giulietti, Robecchi, Stella, Delicato, Pecori, Vaccarese. Ma erano proprio questi i loro veri nomi? O piuttosto erano nomi di battaglia? Comunque è certo che amici e nemici, in un senso o nell'altro, così conoscevano questi prodi dell'aria.

La cronaca delle gesta della «Cucaracha» è ricca di episodi sublimi, indimenticabili. Il brevissimo vivere della squadriglia ne ha irrobustito il ricordo anziché affievolirlo e lo ha posto sul livello della leggenda.

La prima vittoria della squadriglia risale al 21 agosto: fu il tenente Vaccarese, e cioè Vittorino Ceccherelli, medaglia d'oro, caduto più tardi per l'ideale, a conseguirla contro un «Morane» da caccia. Tutta Cordova aveva assistito all'epico combattimento di uno contro tre, terminato con la vittoria dell'italiano che aveva abbattuto uno degli avversari e fugato gli altri due. Il secondo lo abbatté, dopo, Magistrini, a Granata, e anche questo pilota legionario, medaglia d'oro, lasciò pochi mesi più tardi la sua giovane vita in terra di Spagna.

Un episodio di sublime eroismo lo scrisse a lettere auree, nel cielo di Madrid prima e in terra poi, il tenente pilota Ernesto Monico, uno dei tanti eroi della «Cucaracha». Lo ricorda scultoreamente la motivazione della medaglia d'oro al valore militare che fu assegnata alla sua memoria.

«Volontario in missione di guerra per l'affermazione degli ideali fascisti, pilota da caccia abile e valoroso, partecipava a numerose crociere in territorio nemico, cercando l'avversario nei propri campi e sfidandolo cavallerescamente a duello. Il 4 settembre 1936, dopo aver portato a termine brillantemente una rischiosa missione sul cielo di Madrid, veniva improvvisamente attaccato da forze preponderanti avversarie. Benché al limite dell'autonomia accettava l'impari lotta ed avendo l'apparecchio in fiamme si lanciava col paracadute. Fatto prigioniero ed interrogato dichiarava con fierezza la propria nazionalità rifiutandosi di dare qualsiasi notizia. In conseguenza del suo superbo contegno, cadeva vittima della ferocia marxista, arrossando del proprio sangue italiano il martoriato suolo di Spagna. Esempio di preclari virtù militari e sublime eroismo».

Non c'è da aggiungere una sola riga per mettere in rilievo il gesto dell'eroe.

Ma ecco qualche altro episodio della «Cucaracha».

Il 10 settembre del '36, come di consueto, una pattuglia della squadriglia della «Cucaracha» è in crociera verso Talavera de la Reina. Di punta il sottotenente Arrighi, ai lati il sottotenente Saletti e il sergente maggiore Giri. Veri questi nomi, come quelli dati altra volta? Non lo si può giurare. Quando ci si arruola nel Tercio, si danno le generalità che si crede, e non vien chiesto di più. Arrighi scorge in distanza giostrare degli aerei e accorre coi suoi a vedere di che si tratta. C'è un bimotore americano, un «Douglas» usato sulla linea Siviglia-Canarie e preso ai rossi con ardito colpo di mano dal capitano Villa del Rey, che sta difendendosi da tre caccia comunisti.

La pattuglia legionaria arriva a buon punto. Giri spara per il primo, colpisce il suo e lo fa andare a picco, tutto una fiamma. Arrighi attacca di sotto il capo pattuglia rosso, ma quello, incassata la prima scarica, rivela qualità di salita superiori, rompe il combattimento e scompare. Si saprà poi che è un recente «Nieuport-Loire», col motore «K. 14» ed elica a due passi; cosicché i legionari classificheranno «vulgaris» il «Nieuport» normale e «Loire» il nuovo. Saletti, che è Franceschi, insegue il suo, riesce a tratti a costringerlo al combattimento, ma per poco. Il legionario deve avere avuto dei colpi nelle tubazioni. E' costretto ad atterrare in territorio rosso, a Villanova de la Serena. Non s'arrende. Cade da quel prode che è.

La sera stessa Arrighi e Giri ripartono da Caceres in pattuglia, precedendo di qualche secondo il capitano Morato e i sergenti Pasquirotto e Boetti. Arrighi vede un «Potez 54», bimotore da bombardamento; poi s'accorge che è scortato da tre «Loire» e seguito da tre «Breguet» da bombardamento leggero. La pattuglia Morato sopraggiunge e attacca decisamente il «Potez». Il bimotore si piglia ripetute scariche di mitraglia. Il secondo pilota, francese, ferito gravissimamente, lo porta fino a terra, dove la macchina si sfascia. Gli altri dell'equipaggio erano già morti, e anche il pilota ha sopravvissuto pochissimo. Arrighi attacca un «Loire» e lo butta giù a picco. Boetti, dopo il «Potez», s'impegna coi «Loire» e a sua volta ne abbatte uno in fiamme.

Arrighi, l'asso legionario. A ventiquattro anni aveva abbattuto una decina di apparecchi. Ma Arrighi non era piuttosto Adriano Mantelli di Parma?

Nella stessa giornata elementi della squadriglia sono impegnati due volte consecutivamente. Ciò rientra nella normalità. Del resto questa è la vita quotidiana: lotta senza soste, azione continua, rischio permanente. È così che si conquista la gloria.

Il diario della squadriglia reca che il giorno seguente a quello concluso con la smagliante vittoria contro il «Potez» ed i «Loire», pattuglie della «Cucaracha» sono nuovamente in combattimento. I nostri cacciatori la vanno cercando anche sulle linee nemiche, lo suscitano, lo provocano; né si frenano davanti al numero dei nemici che spesso è preponderante. Una formazione da bombardamento dei rossi, proviene dal cielo di Madrid, avanza, adeguatamente scortata dai «Loire», su Talavera e perviene in territorio occupato dai nazionali. I piloti legionari accorrono decisi: il giuoco, anche se rischioso, vale la candela. La battaglia aerea si accende furiosa. Gli apparecchi legionari di Limonesi. Giri, Pasquirotto, Franceschi e Mainetti si avventano contro gli avversari, bombardieri e cacciatori, li scompaginano in breve, li costringono al combattimento e li battono. Il risultato della battaglia aerea è disastroso per i comunisti: sette apparecchi abbattuti, di cui sei nelle linee dei nazionali sono precipitati ben quattro «Breguet» da bombardamento, un «Dewoitine» e due «Loire» da caccia. Una vera ecatombe di cui l'aviazione rossa serberà lungo ricordo; un episodio che farà bene riflettere i rossi di Madrid sugli ardimenti e sulla valentìa dei piloti legionari. Logicamente, l'aviazione da caccia e da bombardamento avversaria si fa più guardinga perché la lezione è stata dura. I legionari tengono il cielo da padroni.

Tuttavia il giorno 13 settembre avviene un nuovo contatto nella stessa zona. Evidentemente i rossi non sono convinti della superiorità legionaria. Sono più numerosi e si sentono i più forti, ma sbagliano nel conto. Così narra Massai:

«Il 13 settembre, sempre su Talavera, Morato, Boccolari e Pasquirotto trovano tre «Nieuport - vulgaris». Pasquirotto ne abbatte uno in fiamme, Morato liquida il suo. Boccolari, preso sul «tempo», ha il fuoco a bordo. Ma non lascia il combattimento. Lancia diritto il suo brulotto aereo sull'avversario e si butta col paracadute mentre il nemico precipita in un groviglio di metalli contorti, ardendo. Il legionario è preso dai miliziani. Ha in tasca passaporto americano, perché è nato da italiani negli Stati Uniti, col suo vero nome: Patriarca. Si saprà più tardi che da Washington si è riusciti a toglierlo di mano ai rossi».

Boccolari aveva compiuto il temerario gesto sapendo di compierlo; anzi c'era da tempo preparato. Non aveva forse affermato, un giorno: «se resto senza palle, gli salto addosso»; e così fece.

Garcia Morato. Ecco un nome che anche i rossi hanno bene conosciuto, tanto ripetute sono state le sue vittorie aeree. Morato è stato l'asso degli spagnoli, un combattente d'eccezione. Delle sue gesta è ricca la cronaca dell'aviazione da caccia nazionale. Il suo nome sarà in seguito ripetuto più volte.

L'allora capitano Garcia Morato, che, con i suoi 35 apparecchi abbattuti, ha scritto una vera epopea, pilotava tutti gli apparecchi italiani da autentico maestro; ma il suo apparecchio prediletto era, naturalmente, il robusto e maneggevole «Fiat C.R. 32» con il quale egli ha fulminato per tutta la guerra nei cieli della Spagna tanti nemici. A Garcia Morato, che poi doveva essere il vero animatore dell'aviazione nazionale, e che a guerra finita ha trovato la morte in un banale incidente di volo, deve essere dedicato molto spazio anche ora che il conflitto è finito. È un omaggio alla sua memoria doveroso e giusto.

Quali siano state le gesta eroiche del comandante Joaquin Garcia Morato, quale il suo ardimento e il suo valore lo ricorda la motivazione della medaglia d'oro concessa alla memoria. «Aviatore di leggendario valore dedicava l'intelligenza, il cuore, la fede alla difesa della Patria assediata dal bolscevismo; affratellato ai piloti italiani, condivideva in numerosi combattimenti la macchina, la bravura, l'ardimento e sopratutto la nobiltà dell'ideale per liberare dalle barbarie il cielo di Spagna.

Simbolo puro e luminoso dell'eroismo che distingueva tutte le genti che vollero la Spagna risorta, non esitava, campione dello spirito cavalleresco che è tradizione del popolo spagnolo, a lanciarsi da solo contro quaranta velivoli avversari abbattendone due ed a sfidare l'ira nemica in tutte le battaglie ritornandone per oltre cinquanta volte vittorioso.

Ha offerto la vita, con dedizione assoluta e sublime, al trionfo del puro idealismo su ogni materia terrena ed è stato perciò esempio di fulgido sacrificio a tutte le genti».

L'attività della «Cucaracha» prosegue instancabile nei giorni seguenti. Gli apparecchi tengono l'aria da ottimi guardiani, e appena si presenta l'occasione agiscono. I rossi hanno imparato a conoscerli a proprie spese, e il più delle volte fuggono. Si azzardano ad incontrarli solo quando sono in numero preponderante. Ma anche in tal caso la sconfitta dei rossi è certa.

Così capitò il giorno 16 settembre, quando sei «Breguet» e tre «Dewoitine», cioè nove apparecchi rossi in tutto, accettarono il combattimento contro due soli caccia legionari. Dei rossi caddero tre, dopo epica lotta in cui rifulse tutto l'ardimento e tutta la valentìa dei legionari che riempirono il cielo con le loro acrobazie impressionanti. Un «Breguet» e due «Dewoitine» andarono a fracassarsi al suolo; purtroppo anche il sottotenente Franceschi, uno dei baldi piloti della «Cucaracha», fu abbattuto sul suolo nemico. Erano rimasti in sei contro uno, eppure i rossi trovarono più prudente allontanarsi. A Giorgio Franceschi, volontario nella guerra per la civiltà fascista, fu assegnata la medaglia d'oro al valore militare.

Ecco come avvenne la fine eroica di Giorgio Franceschi. Sono le ore 13 del 16 settembre. Sopra La Coronada, deliziata dalla presenza di una brigata di rifiuti internazionali, sfreccia silente un velivolo di aspetto sconosciuto, che si saprà poi reduce da un vittorioso duello aereo. Il suo motore non ha più battiti.

Pochi sguardi seguono l'apparecchio che sembra voglia sostenersi quanto più è possibile puntando verso le non lontanissime linee nazionali in direzione di Orellana. Ma la quota è minima e dopo pochi istanti l'aereo poggia dolcemente le ruote sul prato antistante una fattoria, rulla e si ferma intatto. Ne balza fuori un giovane slanciato, biondo e con gli occhi azzurri. Ha in mano la pistola, si attarda un attimo a girar lo sguardo intorno ove, a vista d'occhio, non è traccia di vita. A trecento metri, forse, una figura di donna sbuca timorosamente da un misero capanno; verso quella figura si dirige il pilota e appena giunto chiede alla donna, fatta più tranquilla dal gentile aspetto dell'ospite improvviso, ove sono le linee nazionali nel punto più vicino. Indicazioni vaghe fanno comprendere che la strada è lunga a percorrersi a piedi e che la salvezza è lontana. Ma non si disanima il ragazzo; comprende solo che ormai dovrà giocar d'astuzia e perciò si riveste. La donna ha offerto un vestito del marito: egli l'indossa, lacera alcune carte, getta tutto ciò che ritiene inutile, conserva la fotografia della madre e la bacia prima di custodirsela in petto.

Deciso s'avvia verso dove sa che sventolano le bandiere rosso-oro e sceglie per cammino le rive del Guadiana che placido scorre a valle.

D'improvviso però uno schianto di spari rompe il silenzio intorno e un galoppo sempre più distinto s'avvicina: una pattuglia di miliziani a cavallo, sopraggiunta, ha sparato precauzionalmente contro l'aeroplano «fascista» e, fiutata la preda che giudica non lontana, batte la campagna alla ricerca del pilota.

Il giovane si sente accerchiato; convinto ormai di non fuggire ad una cattura, alla cui idea la sua fede si ribella, solo contro dieci, muove a fronte alta ed a viso aperto verso l'impari battaglia; è circondato, ed i moschetti rossi han facile sopravvento sui pochi colpi della sua pistola d'ordinanza.

Così cadde a venticinque anni Giorgio Franceschi da Roma, sottotenente pilota da caccia, educato nella dottrina e nel tempo di Mussolini, quindicesima vittima fra i legionari del cielo. Altre giornate di lotte, altre vittorie per l'ormai conosciutissima squadriglia. La «Cucaracha» con le altre formazioni della caccia nazionale, si era anche prodigata utilmente nell'appoggio delle fanterie a terra, alle quali apriva il varco. La sua attività era instancabile e dopo solo un mese dalla sua nascita, il 22 settembre, la «Cucaracha» contava al suo attivo ben ventiquattro vittorie: quasi una al giorno.

In questo periodo la squadriglia deve moltiplicarsi nell'attività. Occorre la sua presenza nella zona di Granada e contemporaneamente, in quella di Talavera, allora occupata dalle forze nazionali. La squadriglia quindi si scinde e le sue parti si allontanano dovendo sorvegliare una molto maggiore estensione di fronte: una aliquota è a Granada, l'altra a Talavera. Ambedue hanno da svolgere un lavoro massacrante perché gli aerei rossi si fanno sempre più numerosi. La sezione di Arrighi, trasferitasi a Granada, trova anche qui il modo di coprirsi di gloria. In una sola giornata, nel cielo di Villa Viciosa e Andujar, tre duelli aerei tra i nostri ed i rossi, e tre luminose vittorie. «Ecco tre «Loire» che tornano a casa. Gabrielli incendia il suo alla prima raffica. Padula attacca il capo pattuglia — pilota eccezionale — e dopo un duello serrato lo butta giù. Il terzo, attaccato da Arrighi, si tuffa nelle nubi. Il legionario lo insegue a capofitto e lo ritrova là sotto. Lo avverte con una raffica. L'altro, destramente, si caccia in una gola. Il «Loire» che, per le sue particolari caratteristiche, vira stretto, ci può stare, il «Fiat» no. Il rosso evoluisce perciò orizzontalmente, l'italiano sulla verticale. Arrighi si tuffa, passa sotto, fa una virata imperiale — cioè mezzo *looping* e raddrizzamento, — se lo trova giusto nel collimatore, spara. L'altro, terrorizzato, sbanda e urta nella montagna. L'apparecchio si rovescia e resta lassù, col pilota morto, testa in basso, tenuto dalle bretelle».

Egualmente attiva fu l'altra aliquota della squadriglia che, levandosi dal campo di Talavera, agiva nel settore madrileno. Agli avversari non era data requie, tanto che essi dovevano il più sovente eclissarsi all'apparire dei cacciatori legionari. Ma sul fronte di Madrid andavano maturando grandi cose, poiché l'avanzata dei nazionali progrediva metodica e regolare verso la capitale spagnola. D'altra parte l'aviazione rossa, ricevuti considerevoli rinforzi in uomini e macchine, cominciava a dimostrarsi nuovamente attiva.

La sezione di Granada, verso i primi di ottobre, tornò ad unirsi al grosso della squadriglia e la «Cucaracha» risultò ricomposta. Il giorno 8 ottobre è una data memorabile. Tre apparecchi da bombardamento, tre grossi «Potez» bimotori, furono le sue vittime, in dieci minuti di azione. Il combattimento avvenne nel cielo madrileno, poco distante dall'aeroporto di «Quatro Vientos», donde spesso partivano cacciatori e bombardieri rossi.

Arrighi, con i legionari Jacobini e Giulietti, di cui molto già avevano parlato le cronache della guerra aerea di Spagna, incrociavano alti sulle linee del combattimento, quando tre «Potez» da bombardamento apparvero in formazione serrata, diretti verso le linee dei nazionali, forse per portarsi sulle inermi città delle retrovie onde lasciarvi cadere il carico micidiale di bombe. I tre caccia legionari si avventarono contro i bombardieri rossi che si difesero ostinatamente. Ben presto però Arrighi, Jacobini e Giulietti riuscirono ad isolare uno dei «Potez» e lo costrinsero a scendere a terra, ove si fracassò. Mentre i due sezionari legionari non lo perdevano d'occhio e lo accompagnavano fino alla fine, Arrighi attaccò fulmineo gli altri due «Potez» che tentavano la fuga. In breve, uno dopo l'altro, riuscì ad inquadrarli con la mitragliatrice e ad abbatterli. Da terra i rossi, stupiti, non poterono che essere spettatori delle

prodezze del cacciatore legionario. E queste prodezze si ripeterono a breve scadenza.
Ecco, infatti, il 10 ottobre, Arrighi nuovamente in crociera con due sezionari; sono, questa volta, i sergenti Raffaella e Robecchi. Teatro dell'azione è il cielo della Sierra Guadarrama, dove le posizioni dei nazionali e dei rossi si sono stabilizzate. I «Fiat» tengono il cielo da signori, mentre sotto si combatte. In lontananza si profilano, con la loro sagoma caratteristica, cinque «Breguet», e sono senza scorta. Per i legionari l'occasione non potrebbe essere più propizia: non è facile trovare dei bombardieri in formazione senza la guardia dei caccia. La sezione di Arrighi piomba rapidissima sui «Breguet» e manovra abilmente contro uno di essi; riesce a staccarlo dalla formazione, costringe l'equipaggio a lanciarsi in paracadute e l'apparecchio a scendere. Senza guida, il «Breguet» va a fracassarsi lontano tra le montagne. Gli altri sono fuggiti velocemente; ma sull'Escurial vengono raggiunti nuovamente e attaccati con irruenza nonostante la serrata difesa. Ma nulla possono i rossi contro l'ardimento e l'abilità dei cavalieri azzurri: in breve, uno dopo l'altro, tre apparecchi precipitano in fiamme sotto le sventagliate dei caccia legionari; uno solo, a stento, riesce a salvarsi.
Una parentesi dell'attività della «Cucaracha» è data dall'attacco contro due aeronavi, sopra Madrid. Naturalmente i due dirigibili vengono presto incendiati e di aeronavi non si vedrà più traccia nella guerra aerea di Spagna.
Ma ecco giornate di lotte sempre più difficili. Se ne ha la sensazione con l'apparire, nell'aviazione rossa, di nuovi apparecchi tanto fra i caccia che fra i bombardieri.
«Finora i nostri cacciatori — dice Massai — hanno trovato una caccia nemica prevalentemente di costruzione francese, di buone caratteristiche ma non eccezionalissime. E le macchine da bombardamento, se anche molto bene armate, come il «Potez» bimotore, sono sempre raggiungibili e si può costringerle al combattimento, cioè imporre loro la lotta in condizioni d'inferiorità perché meno manovriere e con armi, anche se numerose, brandeggiate e non fisse. Ma ecco che sul fronte di Madrid sono comparsi i «Martin Bomber» e i «Curtiss». Sono russi, costruiti su licenza, con equipaggi sovietici ben addestrati. Velocissimo il primo, sui 400 all'ora, quindi irraggiungibile alla stessa quota dalla caccia legionaria, che ha macchine concepite anni addietro; estremamente manovrieri con salita magnifica, quadriarmi, con quattro mitragliatrici da 7.7 gli altri. Coi «Curtiss» basterà mutare tattica di combattimento, ma quella caccia è impiegata a massa, e i legionari hanno i pochi apparecchi che sappiamo, e tutto quel lavoro. Con i «Martin Bomber» — li chiamano scherzosamente «Martin Boris» — c'è poco da fare.
Tuttavia, proprio al primo giorno della loro apparizione, i «Martin Bomber» fanno conoscenza a loro spese con gli assi dell'aviazione legionaria.
Arrighi, «el matador», spia il «Martin Bomber». Riesce, in pattuglia col maresciallo Delicato, ad attaccarne una squadriglia di cinque, ma quelli se ne vanno senza avere l'aria di accorgersene. Ma al primo allarme, Arrighi e Delicato, tenaci, immaginano che i velocissimi bimotori vadano a tirare sul campo del bombardamento, presso Talavera. Il ragionamento è giusto. Il primo dei «Martin Bomber» arriva, gira. — È morto! — dice tra se «el matador». Delicato attacca in coda, all'interno, alla stessa quota; Arrighi piomba dal di sopra, quasi in candela per acquistare cento chilometri di velocità. Tiro sincrono. Il bimotore s'impenna incendiato. Mette subito giù il muso e precipita a picco. I tre russi dell'equipaggio si lanciano. Troppo tardi. La velocità di caduta è già troppo forte; Arrighi e Delicato vedono — orrore — che tutti e tre i paracadute si strappano. I legionari, in candela, seguono i corpi. Arrighi e Delicato vedono l'apparecchio, a 500 all'ora, andare in frantumi a terra, dopo avere perso pezzi d'ala ancora in aria. I corpi ci mettono il doppio del tempo».
L'episodio dell'abbattimento del primo «Martin Bomber» fu descritto dallo stesso protagonista, Adriano Mantelli che nei cieli di Spagna si chiamava semplicemente Arrighi. Ed è ridotto, per la grande modestia dell'autore, a proporzioni minime. Sentiamolo:
«È incredibile come le notizie, — dice Mantelli — alle volte siano deformate, diventino leggenda e tutti si spaventino. Una volta, uno scende dal cielo e ci descrive un nuovo tipo

d'apparecchio, lungo, affusolato, con gli alettoni rotondi, velocissimo. Un tipo «Martin Bomber» da bombardamento leggero. Si sparge la notizia: «Martin Bomber» qui, «Martin Bomber» là, micidiale, un incubo, telefonate, i comandi preoccupati. In uno di quei giorni fui d'allarme con un genovese, uno dei diciannove della Squadriglia Folle di Campoformido. All'orizzonte, contro un cielo giallo, ricorderò sempre, appare la sagoma di un «Martin». — Si va a vedere, signor tenente? — dice in genovese. Si parte e ci si avvicina in quota. Quella senza vederci, forse cercando un posto da posare le bombe ci viene incontro. Alla prima raffica, ho visto chiaramente le palle incendiarie che sulle ali sprizzavano scintille bianche; poi la fiamma, come una coda, dell'ala sinistra investe la fusoliera e l'ala destra. Precipita a terra: Entusiasmo. Una *bandera* passò in territorio nemico per constatare la caduta del drago e riportò gli alettoni, che spedimmo in Italia. Da quel giorno il «Bomber», con la stessa facilità con la quale era entrato nella leggenda, ne uscì e fu considerato, né più né meno, come un «Potez» o un «Rata». Fu in questo combattimento che ai tre aviatori rossi si strappò il paracadute. Era tale la velocità, che *puf,* l'ombrello rimase per aria. In guerra difficilmente si odia l'avversario. Quando lo si è disarmato e messo in stato da non nuocere, basta. Sembra strano, eppure quando gli aviatori toccano terra, diventano amici».
Dunque, dicono i legionari, non s'illudano troppo i rossi: anche col «Martin Bomber» li avremo. Infatti parecchi altri ne verranno abbattuti più avanti. «Vediamo i «Curtiss». Il 4 novembre — la squadriglia della «Cucaracha» ha continuato intanto il suo tremendo lavoro — il capitano Limonesi e il sergente maggiore Mainetti avvistano sette «Curtiss» sul fronte di Madrid. I due legionari attaccano, combattono strenuamente, profondono tesori di bravura, di valore, di abilità. Ma i due italiani vedono poco dopo venti «Curtiss» attaccare una macchina legionaria da ricognizione. I nostri si buttano nella mischia, coprono il fratello, vanno al contrattacco, superbi, sublimi nella lotta impari. È la vetta dell'eroismo e dello spirito di sacrificio. L'apparecchio da ricognizione riesce a salvarsi. Due «Curtiss» precipitano in fiamme; ma Mainetti, fulminato, cade nelle nostre linee, e Limonesi, crivellata la macchina, precipita, si trova in aria appeso al paracadute e atterra in territorio rosso. Non lo catturano, però, e dopo due ore riesce miracolosamente a rientrare fra i nazionali».

Se le gesta dei cacciatori legionari sono entusiasmanti e, per l'individualismo che spesso le distingue, spingono il cronista a parlarne diffusamente, non si deve intendere, tuttavia, che quelle compiute dai piloti delle altre specialità siano state, per questo periodo di guerra, di entità e di valore trascurabili.
I bombardieri, ad esempio, per quanto pochi, furono attivissimi durante l'ottobre del primo anno di guerra e si resero utilissimi alla causa di Franco. La specialità da bombardamento, specialità offensiva per eccellenza, specialità essenziale ai fini di ottenere la vittoria, si prodigò senza interruzione nonostante la sua esiguità numerica. I pochi «S. 81» erano sempre in movimento partendo da quel campo di Talavera che tanta parte ha avuto nella guerra aerea di Spagna. Un dato: fino alla fine di settembre gli «S. 81» avevano lanciato 95.460 chilogrammi di esplosivo.
Riferiamo qui, per esemplificare qualche squarcio dell'imponente attività svolta nel periodo che va dal 1° al 18 ottobre.
All'alba del 1 ottobre parte da Talavera un trimotore legionario; poco dopo si levano in volo altri quattro «S. 81» che vanno a scaricare le bombe sul nodo stradale Toledo-Madrid dove scardinano le postazioni di artiglieria messevi a difesa. Più tardi ancora altri bombardieri si portano sulla verticale della strada per Madrid e lasciano cadere le bombe sulle posizioni dei rossi. Nel frattempo un «S. 81» fa la spola tra Siviglia e Tetuan per trasportare il materiale che ancora si trovava sulla sponda africana. Nell'eseguire questo servizio si rende utile come scorta ad un piroscafo nazionale.
Il giorno 8 tre «S. 81» fanno la scorta ad un convoglio nello Stretto di Gibilterra; il 9 bombardano l'aeroporto di Malaga e le posizioni nemiche di Estepona. Il 13 ottobre tre

bombardieri legionari vanno su Cordoba e poi alla Virgen de la Cabeza dove effettuano magnificamente da bassa quota il rifornimento agli assediati. Il 16 successivo un trimotore bombarda l'aeroporto di Andujar incendiandovi alcuni apparecchi rossi; nel pomeriggio sono due gli «S. 81» che tornano su quell'aeroporto e lo centrano di nuovo. Il giorno seguente una pattuglia di trimotori esplora il mare fra Capo Santa Maria e Larache, avvista una flotta nemica e la bombarda. Nello stesso giorno altri «S. 81» volano su Oviedo eseguendo una brillantissima azione.

Oviedo è stretta dai rossi e sta per cadere. In soccorso del prode generale Aranda muovono alcuni reparti nazionali. Ma per essi stessi fu necessario l'aiuto dal cielo e questo fu dato dall'efficace azione di tre «S.81» provenienti da Caceres. I tre apparecchi continuarono per più giorni a battere la regione dando ad Aranda la certezza dell'arrivo dei rinforzi, i quali finalmente giunsero il giorno 17 ottobre. Oviedo era stata salvata.

Altro episodio, sempre dell'ottobre. Duemila eroi, tra cui moltissime donne e moltissimi bambini, sono assediati al santuario della «Virgen de la Cabeza». Sono agli estremi. Ma a rifornirli con due tonnellate di viveri e medicinali, pensano i nostri bombardieri del campo di Cordova. È una missione umanitaria quella a cui essi adempiono, e la compiono perfettamente nonostante l'intervento della caccia rossa.

Anche la ricognizione comincia a farsi viva, come attività a sé stante, in questo periodo. Il suo atto di nascita risale appunto ai primi giorni dell'ottobre 1936, quando arrivarono a Talavera alcuni «Ro 37», maneggevolissimi e facilmente impiegabili anche nel bombardamento leggero e nel mitragliamento al suolo. Precisamente in tali compiti vennero sopratutto impiegati all'inizio. Ecco, infatti, che il 9 ottobre quattro «Ro 37», scortati, effettuano il bombardamento del campo di Andujar; il 14 tutti gli apparecchi di questo tipo sono nel cielo per eseguire missioni delicate e pericolose; il 16 sei «Ro 37», partiti da Talavera, bombardano le linee rosse a nord di Toledo e il giorno appresso ancora sei apparecchi sono sulla zona di Olivas del Rey dove lasciano cadere 60 bombe da 12 chili. Il 18 si spingono sulle linee nemiche di Navalcarnero e le bombardano.

È in questo periodo che le azioni degli «S. 81» si fanno vieppiù temerarie anche se il numero di tali apparecchi è rimasto quello che era inizialmente. Memorabile fu lo spezzonamento eseguito da Muti il 19 ottobre sul campo di Guajon riuscendo a colpire in pieno la linea degli apparecchi rossi di cui ne rese inutilizzabili ben sette. Egualmente memorabile il susseguirsi di azioni portate felicemente a termine dagli «S. 81» nella giornata del 1° novembre: furono bombardati l'aeroporto di Alcalà de Henares e le posizioni nemiche di Villa Mantilla, Brunete, Parla e Futo.

Ancora una parola va spesa per esaltare l'attività instancabile dei piloti dei «Ro 37» negli ultimi giorni di ottobre. Numerosissime furono le ricognizioni, numerosissimi i bombardamenti e non mancarono neppure i mitragliamenti. Tutto il fronte di Toledo, tutta la linea di Navalcarnero, i settori di Yeles e di Seseña, l'aeroporto di Getafe ebbero ripetutamente la visita di questi apparecchi e ne conobbero spesso l'offesa.

Si è visto che i legionari della «Cucaracha» si andavano battendo da leoni contro un'aviazione più numerosa e fornita di apparecchi modernissimi. Compivano miracoli destando l'ammirazione degli stessi nemici, che, anche quando montavano sui più nuovi aerei, preferivano sottrarsi al combattimento, potendolo.

In questo periodo i cacciatori legionari sono i veri virtuosi dell'aria e fanno della propria intrepidezza un'arma contro la quale si spuntano quelle perfezionatissime e numerosissime dei rossi. Sono proverbiali per la lotta alla garibaldina, uno contro cinque, uno contro dieci, dove solo l'iniziativa, l'impeto, l'ardore, il valore possono sopperire all'inferiorità numerica. Ma questa lotta di stampo garibaldino non poteva e non doveva continuare: sarebbe stato un sacrificio impari ai risultati. I rossi potevano essere combattuti più efficacemente con altro sistema; non bisognava più opporre il singolo contro la formazione, ma la formazione contro la formazione, cioè la pattuglia contro la pattuglia e l'intera squadriglia contro la squadriglia. Qualche lieve differenza numerica non importava: sarebbe stata coperta dall'eroismo; ma quando la differenza è enorme, cioè del doppio, del triplo, del quadruplo, la lotta è troppo impari per affrontarla a cuor leggero. Meglio dunque mutare il metodo.

Del resto la squadriglia stava per cessare la sua stupenda esistenza, dopo settantacinque giorni di vita, perché così era stato deciso dal Comando legionario. Occorreva ancora dare una dimostrazione di ciò che sapesse fare la squadriglia dei prodi cavalieri azzurri, ed ecco subito l'attesa occasione.

È il giorno 5 novembre, un giorno che è rimasto memorabile nella storia della squadriglia, perché ha segnato il termine, in bellezza, dell'attività. È l'ultima aureola di gloria che va a coronare il serto superbo, fulgidissimo di vittorie.

La squadriglia legionaria si leva in volo con tutti i suoi apparecchi: sono nove e sfrecciano uniti, meravigliosi. I piloti fanno tesoro di tutti gli insegnamenti e di tutti gli allenamenti. Il volo della «Cucaracha» sembra quello di una macchina sola, tanto è perfetto; un legame invisibile unisce, su nel cielo, i nove apparecchi.

Ed ecco che quindici «Curtiss», anch'essi raccolti in un fazzoletto, muovono incontro agli apparecchi legionari. Sembrano sicuri della vittoria, tanta è la baldanza con cui avanzano; ed invece una durissima lezione li attende, che i legionari, impareggiabili nella bravura e nell'ardimento, danno il tono che vogliono alla battaglia. Nel cielo di Madrid è un roteare fantastico di macchine alate, uno sfrecciare velocissimo di velivoli, un guizzare repentino di cavalieri del cielo. I duelli si accendono; nella proporzione di un legionario contro due rossi s'ingaggia per tutto il cielo la terribile tenzone. La battaglia è epica. Ecco un apparecchio rosso che precipita in fiamme, mentre la formazione dei «Curtiss» si sfascia. Qualche aereo comunista, vista la mala parata, comincia a fuggire: è il momento buono e i legionari se ne avvedono. In men che non si dica altri tre o quattro precipitano bruciati e si frantumano al suolo. Dopo venti minuti di combattimento torna la calma; ben otto «Curtiss» sono stati abbattuti dalle precise raffiche dei legionari. Gli altri apparecchi dei rossi si sono dileguati, prudentemente. Signori del cielo di Madrid sono rimasti gli apparecchi legionari, che si riuniscono in formazione: ne manca uno all'appello, quello di un altro eroe che aveva assunto il nome di battaglia di Pecori. Per i rossi la lezione non poteva essere più dura; se ne ricorderanno per un pezzo.

Così chiude la «Cucaracha» la sua esistenza. La gloriosa squadriglia diventerà più tardi un gruppo, con lo stesso nome, ed anche il gruppo si coprirà di gloria. Il bilancio non poteva essere più bello: settantacinque aeroplani nemici abbattuti, di cui più della metà da caccia, due dirigibili incendiati, padronanza assoluta del cielo nel settore controllato. Dei legionari, sette piloti avevano scritto col loro sangue l'eroica storia.

La squadriglia della «Cucaracha» era una delle belle squadriglie dei caccia legionari. In essa, come in tutte le altre, il coraggio dei piloti è salito sempre alle più eccelse vette.

Dei piloti della «Cucaracha» non si può dimenticare Tasso Giuseppe Cenni, un altro dei giovanissimi. Il suo nome di battaglia era Stella Victorio: al suo attivo figurano numerosi apparecchi rossi abbattuti. Ricordiamo con le sue parole qualche episodio del complesso della sua intensa attività svolta nei cieli di Spagna:

«Nel cielo di Talavera, a quota 1500-2000, il sergente Montegnacco ed io ci imbattiamo in tre «Dewoitine» rossi. Il sergente si accoda a un apparecchio che fugge a balzi, per evitare i colpi della mitragliatrice; ma Montegnacco non lo perde e l'insegue investendolo con raffiche. I due «Dewoitine» cercano di liberare il loro compagno buttandosi sui due fianchi del sergente. A mia volta, mi getto ora sull'uno, ora sull'altro, per rompere quella morsa, ma una palla, scoppiata in anticipo nella canna, mi inceppa la mitragliatrice. Non mi resta che aggredire con puntate e col rombo del motore. Intanto Montegnacco, seguendomi nelle spirali, porta l'avversario verso terra e l'incendia. Punto verso l'alto, per affrontare gli altri due apparecchi, ma approfittando del vantaggio di quota fuggono».

Il 6 novembre fu il giorno napoleonico di Cenni. Una squadriglia di cinque apparecchi, guidata dal capitano Salas, parte diretta a Getafe. Cenni è dietro, per guardare le spalle. Ecco, all'improvviso, apparire cinque apparecchi rossi, di cui tre da bombardamento. Il capitano Salas li butta. Improvvisamente, dalle nubi sbucano altri due caccia nemici, che si infilano in coda ai nostri. Cenni si lancia su questi, ma ecco ancora altri apparecchi rossi. È tutto un inseguimento. Per un po' ciascuno cerca di liberare i compagni dal peso dei nemici: è un susseguirsi di ruote e di tuffi, senza scambiare un colpo. Ben presto il campo si allarga e qualcuno perde contatto. I rossi sono in numero molto maggiore. All'improvviso, Cenni è investito da raffiche che gli forano l'ala superiore e il serbatoio dell'olio. Tre apparecchi nemici gli sono dietro, ma riesce, con una spirale stretta, a piantare collimatore e palle in un «Dewoitine».

A destra, sotto, s'alza la scia di fumo di un altro apparecchio che precipita. Cenni lancia raffiche e l'avversario risponde: il duello si prolunga disperato. I due apparecchi si colpiscono. Ma il motore di Cenni «sternuta» e l'avvisatore dice che solo per dieci minuti ancora può volare. Una nube lo avvolge; punta sul campo e discende. Appena toccata terra, il motore si ferma. La benzina è finita. Gli apparecchi della «Cucaracha» sono tutti disseminati di fori: uno solo ne ha settanta.

Ed ecco ciò che narra della sua prigionia fra i rossi.

«Il 29 gennaio con quindici apparecchi andiamo a la Virgen de la Cabeza a buttar giù viveri e armi. Siam sei caccia. Ci sono dei cumuli, dentro e fuori, perdiamo un po' contatto. Entriamo in una nuvola grigia: non si vede più niente. Sento come un urto, ma non so dove, l'apparecchio mi perde quota; alzo gli occhi, vedo due ombre: l'altimetro segna 200 metri, punto i piedi e salto fuori. Sento lo strappo del paracadute e, subito o quasi, sono con i piedi nell'acqua. Mi metto a correre fra i sassi di un ruscello. Tutto si è svolto in un lampo, avevo perso la testa. Nascondo il paracadute. L'apparecchio brucia, non mi avvicino perché le palle cominciano a scoppiare. Sono certo in territorio nemico. Strappo le carte e i denari. Per tre giorni giro su e giù per la montagna sempre in mezzo alle nuvole e alla sterpaglia. Al terzo giorno mi vedono e mi prendono. Scappo, ma si fa presto a prendere uno digiuno. Sono tipi semiselvaggi di cacciatori. Mi portano a Pantano dove bevo un po' di latte. Arriva un capitano che mi porta ad Anducar; mi offre sigarette.

Qui, il primo interrogatorio. Un maggiore russo, un capitano francese, e un deputato socialista che, a differenza degli altri due, vuol prendermi con le buone. Ma *yo no sé nada*: io non so niente. Mi dicono che due aviatori nostri si sono sfracellati a terra lo stesso giorno della mia caduta. Temo siano i miei gregari. Mi chiedono quanti chilometri fa il «C.R.». Io dico 250. Ma loro lo sanno e si arrabbiano. Poi mi rinchiudono in uno stanzino e una guardia si diverte a tormentarmi parlando di fucilazione. Dopo qualche giorno, mi portano con una macchina verso Valencia.

A Valencia mi mettono in una stanza di un palazzotto. Una guardia apre un uscio e, di là, seduto che mangia, c'è Pesce che era con me nel cielo de la Virgen. Resto di sasso, la porta si chiude senza che lo abbia chiamato. Finalmente riesco a parlargli: grandi meraviglie, e poi mi scrocca una delle poche sigarette. Ci accordiamo su quello che dobbiamo dire. Il giorno dopo, all'interrogatorio, chiedono se sono fascista. Dico di sì, e che sono iscritto alla Milizia Universitaria di Parma. Vogliono sapere tante altre cose, ma *yo no sè nada*. Quante volte l'ho detto! E loro: "*Usted no tiene cara de tonto, tiene que saver algo*".

"*Si Usted quiere que yo diga mentiras, yo puedo decir si no es la verdad que yo no sè nada*".

"*Vuestra vida depiende de vuestras respuestas*".

Le guardie, con Pesce, mi mettono su un'auto; chiediamo dove ci portano, e loro: «A fare una passeggiata». Qui avrei giurato che ci facevano la pelle. Mi legano le mani con una corda, e si parte. Invece siamo diretti ad Albacete.

Da quel momento, abbiamo passato un mese in una cantina senza mai uscire. Pesce era in una cella un po' distante, poi arrivò all'improvviso il sergente Pelo, un altro della Virgen.

Immobilità e buio e sempre a pensare. Da un'inferriata vedo i piedi della gente che passa. Quante scarpe ho visto in quel mese; più che in tutta la mia vita! Perché delle persone non appariva altro. La loro personalità era concentrata lì. Mi provavo a ricostruire il resto, oppure dal genere del passo indovinare il sesso e l'età. Mi piaceva che qualcuno si fermasse a discorrere lì sopra. Una volta sono passate due scarpette di vernice coi tacchi alti, due caviglie sottili con calze di lusso: è stato un attimo. Che impressione! Le ho sognate per una settimana. Il primo di marzo, ancora viaggio a Valencia, ancora interrogatorio; si rinnova l'impressione della fucilazione! Rimaniamo a Valencia al *Carcel Modelo*. È più pulito! C'è più luce, ma due mesi in una celletta sono troppi. Ho passato giorni come un pazzo, e questa era la sofferenza maggiore.

Riesco a vedere e comunicare con un altro aviatore che, avendo un po' di soldi, ci manda roba. Due giornalisti dell'*Araldo* di Salamanca, fatti prigionieri, ci fanno trovare un pacco nella cella. Si apre il cuore alla speranza! Quando sappiamo che il generale Aranda ha proposto uno scambio di prigionieri.

Al primo di aprile, faccio lo scherzo del pesce a Pesce. Gli dico che ci lasciano liberi; quello si mette a cantare; quando ha finito gli comunico la data. È diventato furioso. Passa quasi tutto il mese di aprile senza grandi novità, eccetto che uno si precipita dalla balconata, impazzito. Ci portano finalmente in cortile. Qui, conosco tanti personaggi politici, fra cui il nipote di Franco; molti sono rinchiusi da parecchi anni.

La prigionia si è fatta meno dura quando ci hanno lasciati insieme. Ce n'erano di tutti i fronti e di tutte le armi. Nei tre mesi di permanenza, ce ne siamo raccontate tante che si potrebbero fare trenta romanzi.

Un bel giorno mi hanno chiamato con altri aviatori. Le chiamate erano sempre motivo di apprensione. Un tenente ci ha condotti al porto e consegnati alla Croce Rossa Internazionale. Questo voleva dire la libertà. La nave inglese *Maine* ci ha portati a Marsiglia, e, di là, siamo venuti a rifarci le ossa in Italia».

Questa è, per sommi capi, la storia della campagna di Giuseppe Cenni. Ma tutti i piloti legionari hanno molto da narrare sulle loro gesta spagnole. E dei cacciatori legionari in Spagna molto parlerà ancora, senza dubbio, la storia dell'aviazione.

Disciolta la famosa squadriglia della «Cucaracha», nucleo originario dell'aviazione da caccia legionaria, costituitasi questa specialità in formazioni più numerose e più agguerrite come lo esigeva il nuovo aspetto della guerra, l'attività dei manovrabilissimi «Fiat CR. 32» riprese sempre più intensa.

Nel cielo di Madrid l'agguerrita aviazione da caccia legionaria — al cui comando era stato preposto un valoroso ed abilissimo pilota, il maggiore Faroni, cioè Fagnani spadroneggiò nel senso più ampio della parola. Fu un dominio vero e proprio perché neppure formazioni più numerose degli avversari riuscirono ad avere ragione delle pattuglie e delle squadriglie di cacciatori legionari. Un seguito di vittorie sempre più smaglianti confermò lo assoluto dominio del cielo in questo settore. Ricordiamone qualcuna.

La mattina del 13 novembre, una battaglia d'incontro s'accende sopra Madrid. Quattordici caccia legionari sono sul fronte madrileno a protezione degli «Junkers» da bombardamento della legione tedesca «Condor». Il bombardamento è finito e gli «Junkers» prendono la rotta del ritorno. In quel momento appaiono ventitré «Curtiss», i quali stanno scortando tre «Martin Bomber 139».

I cacciatori sovietici manovrano per staccare dalle grandi macchine tedesche i legionari. Questi ultimi, al comando del maggiore Faroni, sono elementi delle squadriglie del capitano Notabili, il cui vero nome è Nobili, e del capitano Massa, con in più la sezione del capitano spagnolo Morato, allora incorporata volontariamente nell'Aviazione Legionaria. Faroni, punta e cervello della formazione, piomba fulmineo coi suoi sui rossi, li taglia e ne sminuzza l'ordinanza. Tre «Curtiss» sono caduti in torcia al primo contatto balistico; e il panico è già nel nemico. È la fuga e la rovina. Sulle scompigliate pattuglie sovietiche grava ora il peso di tutta la massa di fuoco delle macchine del Tercio, articolate in nuclei ternari ma formanti un tutto elastico e possente. In pochi istanti, non solo altri cinque «Curtiss», in fiamme, sono abbattuti, ma anche uno dei «Martin Bomber», abbandonato dalla scorta, è assalito dai nostri e buttato giù in una scia ardente e fumosa. Nove vittorie! Il gruppo legionario, ala ad ala, riga in su e in giù il cielo madrileno con le sue quattordici macchine.

Faroni aveva abbattuto un caccia rosso e così pure avevano fatto Massa, Morato, Salvador, Rocca, Franceschini, Giri, Pascucci. Salas, più fortunato, aveva fatto precipitare il «Martin». Per qualche tempo l'attività dei rossi è più timida e si basa su incursioni di sorpresa del bombardamento veloce.

Torniamo ora a narrare qualche impresa dei piloti delle specialità bombardamento e ricognizione.

Sebbene fossero soltanto sette gli «S.81» appartenenti alle forze aeree legionarie, il loro contributo di attività fu, anche nel novembre, superlativo nonostante che vi fosse la necessità di revisionarli dopo quattro mesi di continuo impiego. Quotidianamente, come anche i «Ro 37», gli «S. 81» si alzavano in volo per portarsi sulle posizioni nemiche di Madrid e compiervi le missioni loro assegnate. Spesso le azioni si ripetevano due e tre volte nella stessa giornata. In una di esse, il giorno 5 novembre, un apparecchio sceso a bassa quota su Madrid, per bucare uno spesso strato di nubi, fu investito da raffiche della reazione antiaerea nemica. Un colpo di «Oerlikon» esplose dentro l'ala sinistra spaccando le tubazioni e il serbatoio dell'olio. Ma l'«S. 81» poté egualmente rientrare a Talavera per la presenza di spirito e il coraggio del motorista che prontamente tamponò la perdita.

Azioni di bombardamento furono effettuate dai «Ro 37» su Seseña, Carabanchel, Villaverde, sui sobborghi di Madrid e altrove nella prima decade di novembre. Dopo un breve periodo di forzato riposo a causa dell'impantanamento dei campi, i bombardieri e la ricognizione, quasi sempre impiegata in azioni di bombardamento, tornano a solcare in ogni senso le vie del cielo castigliano. I sobborghi di Madrid costituiscono l'obiettivo principale nel susseguirsi delle azioni di questo periodo. Si cerca di scardinare dall'alto la resistenza rossa e in buona parte ci si riesce; ma manca la perfetta intesa tra le forze aeree e quelli terrestri sì che i risultati dei bombardieri non sono sfruttati. Particolarmente terrificante fu l'azione del 19 novembre in cui tutta la massa disponibile dei grossi bombardieri — «S 81» e «Junkers» — rovesciò tonnellate di esplosivo sulle trincee rosse della Città Universitaria costringendone i difensori all'evacuazione. Ben 18 «Junkers», 4 «Savoia Marchetti», 9 «Heinkel», 12 «Ro 37» e 16 «CR 32» vi prendono parte a dimostrare che tutte le specialità dell'ormai organizzata aviazione di Franco sono utilizzate. Nel cielo di Madrid, mentre i bombardieri stanno assolvendo alla loro missione, si levano incontro alle formazioni nazionali numerose forze dell'aviazione rossa da caccia. «Curtiss» e «Rata» tentano di eludere la sorveglianza della scorta e di attaccare il bombardamento. La manovra è vana che la battaglia è inevitabile e al termine di essa ben quattro apparecchi rossi risultano abbattuti, da Notabili, Rocca, De Pretis e Giorgi, mentre i bombardieri nazionali possono portare interamente a termine il compito ad essi assegnato.

Poi è un susseguirsi di giornate di cattivo tempo: cielo nuvoloso e spesso pioggia. I campi sono impraticabili e le vie del cielo infide. Eppure, tra una schiarita e l'altra, bombardieri, cacciatori e osservatori si levano in volo, ciascuno per assolvere delicatissime missioni.

Più di tutti sono attivi i «Romeo», che effettuano bombardamenti di controbatteria presso Audujar e compiono rilevamenti su Madrid. Li scortano sempre i «CR 32», i cui piloti hanno ancora occasione di dimostrare la loro valentìa. Il gruppo di Faroni riesce, così, ad abbattere due biplani rossi il giorno 4 dicembre, due «Rata» il 6 successivo e altri due apparecchi il giorno seguente. Efficacissimo poi fu l'intervento dei «Ro 37» e degli «S 81» il giorno 24 novembre, quando respinto dai caccia il tentativo nemico di occupare Talavera, furono bombardati nella zona di San Bartelemy i resti della colonna rossa in ritirata. Quel giorno perfino gli «S 81» fecero del mitragliamento dopo avere esaurito il carico di bombe. Ma il

successivo un serio pericolo corsero tutte le forze aeree legionarie da bombardamento perché il campo di Talavera fu sconvolto dalle esplosioni del bombardamento rosso. Per fortuna poco prima gli «S 81» di Bonomi avevano spiccato il volo per andare ad effettuare l'ennesima azione su Madrid. Sono ancora di questo mese alcuni bombardamenti notturni nella zona di Madrid fatti con gli «S 81» che partivano dal campo di Talavera manovrando in una ristrettissima striscia di terreno.
Poi ancora cattivo tempo e sosta forzata. Quando il fido lo permette l'attività riprende subito: vengono eseguite ricognizioni, bombardamenti, crociere di protezione alle truppe, voli di vigilanza, d'interdizione. Certo è che nel dicembre 1936 e nel gennaio 1937 le condizioni atmosferiche furono nettamente avverse all'attività aerea.
È proprio in questo periodo, però, che l'Aviazione legionaria, che sino allora si chiamava Aviazione del Tercio, prende tale denominazione, e viene aumentata e irrobustita con l'immissione di nuove forze, assume aspetto e sostanza di «grande unità». Per cinque mesi, con spregiudicato spirito garibaldino, tradizionale al volontarismo italiano, l'«Aviacion de el Tercio» ha combattuto contro un avversario numericamente più forte tutto improvvisando e a tutto provvedendo con genialità e slancio prettamente latini. Per cinque mesi ha svolto intensissima e brillantissima attività quale non era supponibile nemmeno dalle menti più ottimiste, un'attività di cui fanno fede queste cifre: 210.808 chilogrammi di esplosivo lanciati, 116 apparecchi, due dirigibili e un pallone-drago abbattuti. Dopo tutto questo lavoro viene il momento di irrobustire lo strumento bellico. Ai pochi «S. 81» rimasti in efficienza dopo tanta continua usura e dopo il bombardamento nemico sul campo di Talavera, si sostituisce un intero gruppo di questi bombardieri, il «Gruppo Marelli», — comandato dall'energico e accorto tenente colonnello Raffaelli — costituito su due squadriglie comandate rispettivamente da Simini e da Mencarelli. Arrivano anche altre squadriglie da caccia con pilotoni come François, Lodi, Viola, che inquadrati con la «Cucaracha», costituiscono uno stormo comandato da Canaveri. Arrivano anche i «Ro 37», per la ricognizione, con piloti di classe. Si inquadrano e si ambientano i nuovi reparti e si costituisce un Comando dell'Aviazione Legionaria sotto veste di vero Comando di «grande unità». Il valoroso ten. col. Bonomi, fondatore dell'eroica Aviazione del «Tercio», cede il comando al generale di brigata aerea Vincenzo Velardi. E si costituiscono i servizi di rifornimento, di ricambio, di officina, di casermaggio; si sviluppa l'officina di Siviglia per la riparazione di apparecchi e di motori; si prepara, infine, l'offensiva del sud che dovrà portare le truppe legionarie a Malaga ed oltre Malaga. Insomma la sparuta aviazione del Tercio diventa un insieme rispettabile anche per quantità di forze e per potenza, diventa quel tutto armonico, disciplinato ed efficiente, che per lunghi mesi saprà coprirsi di gloria e contribuire nel modo più efficace alla definitiva vittoria della civiltà fascista.

Poi per più di un mese vi fu un'attività. Le condizioni atmosferiche erano proibitive: o pioggia o nebbia; quando il cielo avrebbe permesso l'attività erano le condizioni dei campi ad impedirla. Finalmente, nel febbraio, si riprendono in pieno i voli. È un susseguirsi quotidiano di azioni varie: incursioni, scorte, crociere, partenze su allarmi. Di combattimento non si parla. Ma il 13 febbraio il maggiore Faroni, con le squadriglie del capitano Lodi e del tenente Tocci, è in crociera in Madrid per assicurare il lavoro di alcuni «Junkers» e di alcuni, «Ro 37» della ricognizione legionaria.
Sopra Arganda la formazione legionaria ne incontra una numerosissima rossa. Si accende il combattimento.
«Durante una evoluzione, il capitano Lodi e due legionari allargano un poco, staccandosi di qualche centinaio di metri. Una trentina di «Curtiss» e di «Rata» — quest'ultimo è un monoplano ad ala bassa, a sbalzo, con carrello retrattile, molto veloce, evidentemente derivato dall'americano «Gee Bee» che molti ricorderanno, corto, raccolto, tozzo com'è — fino allora tenutisi in agguato al di sopra di uno strato altissimo di nubi a squarci, piombano di sorpresa

sulla pattuglia, la incapsulano e la trascinano lontano, tempestandola di colpi. I tre cacciatori si battono leoninamente: oppongono alla massa sovietica il loro superbo valore, la loro bravura straordinaria, il loro cuore grande. Faroni ha visto, e accorre nello stesso istante nel quale Lodi e i suoi bravi, che hanno fatto precipitare due macchine nemiche, stanno per essere stritolati. I rossi non resistono alla carica, si aprono, cominciano a volgere in fuga. Due altri piloti nemici cadono in torcia. Vittoria! E' qui che Lodi, il prode, già colpito a morte nelle carni e nella macchina, passa dall'azzurro al cielo più alto». Anche a Luigi Lodi, — il capitano Marcelli — volontario intrepido ed esuberante che con entusiastica dedizione aveva donato la vita per la causa della civiltà, fu assegnata la medaglia d'oro al valor militare. Durante quel combattimento, che per Lodi fu l'ultimo, il valoroso pilota — come risultò da concordi testimonianze — aveva abbattuto due avversari.

Pochi giorni dopo, sempre nella zona di Arganda, i cacciatori legionari, che stavano in cielo a protezione dei bombardieri, sono attaccati dai rossi. Ne deriva una mischia accanita in cui le squadriglie di Notabili e Tocci danno la misura della loro abilità. Parecchi «Curtiss» e «Rata» sono mitragliati, alcuni sono abbattuti. Tocci, che come al solito si dimostra un duellante d'eccezione, ne precipita uno.

Ecco un altro episodio.

Diciotto febbraio. Ventitré «Fiat» vengono su Madrid dalla zona di Toledo, in crociera di protezione. Ancora una volta è il maggiore Faroni al comando, con le squadriglie del capitano Notabili, del tenente Rocca, e con la sezione del capitano Morato, il valoroso asso spagnolo che ha sempre risposto tra i primi ogni qual volta c'era bisogno dell'opera dei cacciatori.

Al largo, 30 apparecchi rossi, fra «Curtiss» e «Rata», stanno prendendo quota. Faroni, facendo serrare i suoi, prepara l'attacco. Ma Morato, che con i suoi sezionati Salvador e Bermudez forma il triangolo di retroguardia, non resiste all'esplosione repentina d'odio che la sola vista del nemico provoca nel suo gran cuore di patriota. Meravigliosi questi spagnoli, di coraggio e di valentìa, ma la disciplina non ammette scarti e il risultato di queste follie può essere disastroso. I tre sono avviluppati subito e costretti alla disperata difesa.

Faroni, — cioè Fagnani — che in giro ha guadagnato quota, piomba sui rossi con le sue venti macchine a 400 chilometri all'ora, spara con le sue quaranta mitragliatrici alla cadenza di 600 colpi; le squadriglie legionarie s'impennano, volano come se fossero un'ala sola, si rituffano. Il nemico, una volta ancora, ha avuto il tracollo nervoso; ha rinunciato d'acchito, nello sgomento, alla potenza della formazione. «Curtiss» e «Rata» sono sparpagliati, sono alla mercé dei serrati triangoli. In sei minuti di combattimento, almeno quindici apparecchi sovietici sono abbattuti, quasi tutti in quella orrenda fumata che prelude di qualche istante il divampare dell'incendio. I protagonisti principali della lotta? Eccone i nomi: Faroni, Notabili, Rago, Ruggeri, Luigioni, Collodi, Lupelli, Lentini, Simeoni, Padula, De Pretis, Giorgi, Rocca, Maggi, Romualdi, Sammartano, Ascarini, Giannotti, Tocci, Castaglini, Grossi, Federici, che noi elenchiamo con i nomi assunti da loro nell'arruolarsi nel «Tercio».

I ventitré «Fiat», tutti, rimasero padroni del cielo. Nel pomeriggio, tuttavia, in un secondo combattimento arricchirono il serto delle vittorie abbattendo altri due «Rata».

Cade qui opportuno ricordare che il nome «Rata» fu appiccicato agli apparecchi da caccia rossi per il fatto che partivano quasi da dentro Madrid e furono subito rassomigliati ai topi, anche perché il loro sistema di attacco era dal basso in alto. Il nome di «Pappagalli» fu appiccicato da Bonomi a quei sesquiplani adottati dai rossi per l'assalto che un giorno arrivarono improvvisamente sul campo di Talavera della Reina a volo radente e colpirono alcuni apparecchi nostri mentre a loro volta alcuni di essi vennero colpiti dai cannoncini e dalle mitragliatrici antiaeree postate sul campo.

Merita anche di essere ricordato il singolare episodio di cui fu protagonista il pilota Notabili — vale a dire il capitano Nobili — il 20 febbraio nel cielo di Morata di Tajuña mentre i caccia di Faroni scortavano gli «Junkers» da bombardamento assaliti dai «Rata» avversari. Al quarto tentativo di queste squadriglie gli si presentarono a tiro ben quattro «Rata» contemporaneamente poiché procedevano in fila indiana. Notabili riuscì a sgranare addosso ai quattro il rosario delle sue mitragliatrici e ne buttò giù uno in vite.

Poi i prodi cacciatori legionari conobbero raramente l'ebbrezza di combattere contro considerevoli formazioni avversarie. Perché i rossi non ebbero più il coraggio di levarsi in volo a contrastare il dominio dei cavalieri azzurri, i quali peraltro si sbizzarrirono in continue crociere tutelando l'azione dei confratelli bombardieri e dell'Aviazione Legionaria da ricognizione.

Completata l'occupazione di Malaga, venne iniziato e portato a termine, attraverso difficoltà di ogni genere che trovano spiegazione nella disorganizzazione del paese, dei mezzi di trasporto e dei Comandi, il trasferimento delle forze dell'Aviazione Legionaria, dei magazzini, dei depositi, dal Sud alla zona di Soria ove erano stati nel frattempo scelti i pochi — ed unici — campi che potessero prestarsi per uno schieramento dell'Aviazione Legionaria in previsione dell'azione su Guadalajara. I campi furono Soria per il bombardamento e la ricognizione e Almazan per la caccia.

Ma il campo di Almazan si dimostrò subito inefficiente a causa del fondo pantanoso, e tutta la caccia dovette essere riunita al bombardamento sul campo di Soria, il solo esistente in tutta la regione e che dava buoni affidamenti.

Fu nuovamente un lungo periodo d'incontrastato predominio inframmezzato solo dall'episodio di Guadalajara, verificatosi in condizioni meteorologiche del tutto particolari e delle quali poté solo giovarsi l'aviazione rossa da bombardamento e da assalto. E' ormai ben noto che in quella occasione gli aerei nazionali non poterono levarsi in volo, perché impantanati nei campi d'aviazione.

Su Guadalajara è stato scritto molto, ma tutte le invenzioni, tutte le esagerazioni e tutte le falsità sono state smontate nettamente dal famoso articolo pubblicato ne «Il Popolo d'Italia» in cui fu resa giustizia al valore dei legionari italiani e fu ricollocato l'episodio nella sua cornice di realtà. Si pubblicarono grosse menzogne nella stampa straniera filobolscevica ed antifascista; ma, ormai di tutte queste menzogne è stata fatta giustizia. I legionari – questo risulta inequivocabilmente – vi combatterono con supremo valore anche in condizioni d'inferiorità ed attinsero le vette dell'eroismo leggendario.

Vi morì da eroe anche il legionario fiumano Furio Drago, capitano aviatore, sceso a combattere con la gloriosa Milizia.

Se del concorso dell'aviazione il generale Moscardo non poté avvantaggiarsi interamente, ciò fu a motivo del pessimo tempo che rese impraticabili i campi d'aviazione legionari, così come impraticabili agli automezzi erano le strade su cui si erano inoltrati gli autotrasporti recanti le truppe di rincalzo. Al contrario l'aviazione rossa poté essere presente nella circostanza perché i suoi apparecchi poterono levarsi in volo partendo dal campo di Madrid, provvisto di solida pista di lancio, e da quelli, pur essi stabili, di Alcalà de Henares e Guadalajara.

Non si può non rilevare che il campo di Soria, nonostante le piogge torrenziali, si mantenne sempre tale da permettere partenze e atterraggi, per quanto limitatamente ad una sola striscia. I piloti fecero miracoli di abilità e di ardimento. Il nemico principale fu il tempo pessimo; data la quota dell'altipiano, le nubi sovrastavano il campo perennemente a cento o duecento metri ed erano più basse delle alture circostanti. Bombardamento, caccia e ricognizione fecero miracoli di navigazione e tutte le volte che grandine o neve o pioggia torrenziale non lo vietarono assolutamente, furono sul nemico. Ma quante difficoltà da vincere in quel periodo per deficienza di comunicazioni, di alloggi, di automezzi! Il periodo vissuto in quei giorni dagli aviatori legionari nella gelida Soria rimarrà incancellabile nella mente di tutti.

Il giorno 12 marzo la caccia poté combattere contro formazioni nemiche e abbattere sul ponte di Guadalajara un bombardiere e tre «Curtiss», e il giorno 14 marzo, malgrado la persistente pioggia e la quasi assoluta mancanza di visibilità, i bombardieri legionari di Raffaelli, riuscirono, esclusivamente per la loro eccezionale valentia, a battere efficacemente Guadalajara, le truppe e le batterie circostanti.

Ecco l'episodio nei punti più salienti, come lo narrò chi ebbe la ventura di parteciparvi. La prova era ardua, per via del tempo orribile: battere il comando rosso in Torija o — eventualmente — il campo di aviazione di Guadalajara sul quale sorgeva la fabbrica della Hispano Suiza. Da tutti gli osservatori fino al fronte era segnalato cielo completamente chiuso da nubi più basse dei monti, piovaschi e il solito vento occidentale.

«Ora, nell'interno degli ammassi nuvolosi, a volo strumentale, i velivoli — narra il colonnello Raffaelli — sono in rotta: bussola, cronometro, strumenti giroscopici, la radio taciturna. Ogni mossa di ciascuno è legata agli ordigni. Sono i momenti in cui maggiormente gli organismi umani si fondono, si trasfondono negli organismi creati dall'uomo, e dal velivolo – e più ancora dalla formazione alata — può trarsi la figurazione di un mostro vivente e pensante; la fisiologia di questo bizzarro complesso animato è fatta di palpiti che non sono più della fisica umana, ma nemmeno della fisica materiale. Perché gli uomini procedono secondo i sensi delle macchine e queste vivono con lo spirito degli uomini, al di là dei limiti fissati dalla natura ai sensi umani.

Lo spazio è come una pasta grigia ed in questa le ali sembrano lame taglienti alla ricerca del cuore dell'avversario. Fedeli e quasi immobili, appena delineate nel grigiore circostante, s'intravedono, oscure, le sagome dei velivoli prossimi. Il terreno naturalmente non si vede; ma la rotta stimata è seguita con tale assiduità che pare quasi che quegli uomini vedano il paesaggio occultato che scorre sotto di loro. Da ogni macchina sguardi avidi cercano ininterrottamente di penetrare l'ostacolo, di cogliere qualche fugace spiazzo per controllare il percorso, per correggere i dati di navigazione; ma inutilmente. Il solo cronometro ha il privilegio di scandire i sorvoli: Quirtana, il Duero, Atienza, le linee, Jadraque... Qui le quote del terreno scendono lievemente. Si riduce la quota: le nubi saranno proprio fino a terra? Occhi ansiosi fanno la spola dai finestrini agli altimetri: 1500, 1300, 1200 metri. Si scende ancora nel grigio. L'altipiano è sui 1000, le creste superano i 1100, ma se la navigazione è stata esatta, non se ne dovrebbero incontrare. Un tenue sprazzo di trasparenza, un attimo di viva emozione: si è intravista la strada di Francia, che su da Guadalajara sale per Torija e ci viene incontro con andamento verso NE. Siamo leggermente spostati ad Est: la deriva introdotta, di 8°, era inferiore a quella che compete al vento. Ma ormai la preda non dovrebbe sfuggire. È però necessario risalire perché cento metri di quota relativa sono pochi per un tiro con bombe da 100 kg. Già nei giorni precedenti i velivoli si sono autobombardati, colpendosi con le schegge delle proprie bombe, da 300 metri.

La sfrangiatura delle nubi è intermittente; si cuciono a 1400 m. di quota assoluta: e d'un tratto, ecco il caratteristico nodo stradale che s'intravede appena tra i vapori densi in una schiarita, ecco le case di Torija, piccolo aggregato nel quale si dovrebbe individuare l'agognato Comando rosso. Apparizione troppo improvvisa e breve per poter pensare ad un puntamento. È necessario ritentare, se occorre abbassandosi nuovamente a 1300. Un largo giro. Non si vede più nulla, ma tra poco — tutti ne hanno la certezza — riapparirà l'obiettivo attraverso il provvidenziale spiazzo... e riappare; ma ancora troppo tardi. Le bombe cadrebbero fuori del bersaglio. Quanti tentativi furono fatti? Forse nessuno lo ricorda: lo spiazzo era minuscolo; forse nel tempo occorso si era spostato, certo si è che mai l'obiettivo si presentò in condizioni sufficientemente favorevoli. E le bombe rimasero ai ganci, e la formazione, a malincuore, dovette lasciare quel cielo, proseguì, si rivolse all'altro obiettivo: il campo d'aviazione di Guadalajara...

Ora i nervi sono tesi al parossismo: la preda sfuggita esaspera le volontà. Se sul campo di Guadalajara il tempo sarà così ironicamente ostile si dovrà proprio rientrare con l'amarezza dell'inutilità dello sforzo, dell'impresa mancata?

Sono pochi chilometri, una ventina, meno di cinque minuti, ma un'eternità! Ed all'improvviso... il cielo sereno, luminoso, azzurro. E, sotto, un grosso paese: Guadalajara. Dinanzi, a quattro chilometri, la ferrovia, che costeggia il campo; si riconoscono facilmente i

fabbricati del campo, la fabbrica Hispano Suiza, che se ne distacca chiaramente. Giusto il tempo di eseguire il puntamento. L'ordinato gregge delle bombe si diparte dai mostri capaci; occhi intenti lo seguono tra i residui vapori, lo perdono per pochi secondi e finalmente ecco il susseguirsi dei lampi rossigni, il fiorire delle volute di fumo nerissimo, in pieno sui bersagli e poi l'eco soffocata degli scoppi, l'esultanza della mèta infine raggiunta.
Gli sguardi sazi si levano al cielo chiaro; poco discosti, verso NW, una moltitudine di puntini neri, in alto, sembrano immobili ma ingrandiscono a vista d'occhio. Era inevitabile: siamo attaccati dalla caccia. La formazione sta invertendo la rotta; i mitraglieri, calmi, alle postazioni, misurano la distanza che li separa dagli inseguitori, mantenendoli già sotto la mira, pronti ad aprire il fuoco appena a distanza utile. Altri caccia meno chiaramente visibili, giacché si proiettano sul terreno, si avvicinano più bassi... Com'è goffo quel fuso verdastro che eretto in forte cabrata cerca di avvicinarsi alla preda sfuggente! Le nubi sono ormai prossime quando il canto delle mitragliatrici scandisce le sue poche brevi note nervose come in un concitato battibecco. Le pallottole traccianti disegnano lunghe parabole piatte tutto all'intorno mentre le distanze — quella degli inseguitori come quella delle nubi, poc'anzi così ostili, ora così propizie — si abbreviano rapidamente...
E pochi attimi prima di immergersi nei vapori, una massa verdastra, fumante, s'inabissa tra bagliori di fuoco; un caccia rosso, colpito in pieno, ha avuto la sua parte. Simili a masse magnetiche attratte da un polo i velivoli ora si dirigono sul radiofaro del campo di partenza. La rapida conversione, il combattimento hanno diradato la formazione, così che ora i suoi vari elementi navigano isolatamente nell'interno delle nubi. Le distanze vengono aumentate per ridurre le probabilità d'investimento. Alcuni segnali radio si intromettono tra i rilevamenti. Non tutti rispondono ai richiami del Comandante. La tormentata rotta nelle nubi piene è dura anche nel ritorno...
L'arrivo al campo fu facile: durante l'assenza le nubi si erano alquanto sollevate così che con semplice manovra il primo velivolo, quello del Comandante, prese terra e tra spruzzi di fango, beccheggi e rullii, raggiunse il suo posto. Subito, ansiosi, tutti gli sguardi si rivolgono al cielo interrogando la barriera verso Sud: ancora nessun velivolo in vista. Qualche breve accenno ai camerati rimasti a terra sulle peripezie della missione, poche parole perché tutti attendevano che dal compatto grigiore scaturisse una risposta; torneranno tutti?
Tornarono: alla spicciolata, ad intervalli irregolari, da punti diversi, balzarono nel chiaro, recando ciascuno la sua parte di luce nei cuori degli astanti, più di tutti del Comandante, che circondato dai suoi uomini fiducioso e taciturno lentamente completava l'appello. Poi furono i gioiosi commenti, l'ispezione alle macchine impallinate, l'esame delle sforacchiature, il portacarte, l'imbuto, l'apparato radio bucati, la combinazione dell'armiere cucita da un proiettile. Commenti del primo combattimento, del primo caccia nemico abbattuto; gioconde esclamazioni scaturite dai cuori contenti nella distensione dei nervi duramente cimentati».

Per mesi e mesi nel settore di Madrid, come del resto in tutti gli altri settori, l'aviazione comunista non poté più dare il minimo contributo all'azione delle forze terrestri, né riuscì a molestare i combattenti di Franco e tanto meno l'Aviazione Legionaria.
La cronistoria annota soltanto qualche bombardamento, compiuto con apparecchi velocissimi, dai rossi, su località e città indifese, fatto con lo scopo unico di terrorizzare la popolazione inerme, mietendo tra essa vittime umane. Rapidissimi aerei nemici, che riuscivano a sfuggire tra le maglie del controllo legionario, si portavano su questa o su quella città dove pacifica si svolgeva la vita, scaricavano il micidiale carico di bombe, dileguandosi tosto per rientrare al più presto alle basi di partenza. Naturalmente la risposta era, in quei casi, immediata; ma essa non prendeva di mira le popolazioni imbelli e non si esprimeva in un atto d'inconsulta barbarie come facevano i rossi; aveva invece obiettivi militari ben precisati e inequivocabili. Erano sempre opere fortificate, concentramenti di truppe, depositi di materiale bellico, campi d'aviazione, punti d'intenso movimento militare, che venivano di volta in volta sottoposti al

bombardamento da parte dell'Aviazione Legionaria, la quale non aveva lo scopo di terrorizzare le popolazioni, ma di punire i barbari indebolendone l'apprestamento militare. Documentiamo, rifacendo la cronistoria di questo periodo, la schiacciante superiorità dell'ala legionaria. Vi contribuì potentemente il 23° gruppo da caccia, formato il 22 aprile 1937, il cui comando fu affidato ad un valoroso e valentissimo pilota, il maggiore Andrea Zotti.

Il controllo del cielo è tenuto magnificamente dalle tre squadriglie che costituiscono il gruppo, la 18ª, la 19ª e la 20ª le cui sedi sono Alfamen, per le due prime e Siviglia, per la terza. Lungo la vastità del fronte, dall'Aragona all'Andalusia, i cacciatori legionari sono infaticabili. Continuamente effettuano voli di scorta diretta e indiretta ai bombardieri, crociere d'interdizione per sminuzzare qualsiasi velleità nemica, crociere di controllo su ampi settori. Tutti i giorni della terza decade di aprile le squadriglie della caccia legionaria sono in cielo per questi delicatissimi ed estenuanti servizi; quando non sono in cielo, sono sui campi in potenza, pronte a partire su allarme. Con questa vigile scorta i bombardieri italiani e tedeschi possono compiere in piena sicurezza le missioni loro assegnate. Specialmente nel settore di Pernel le azioni dei bombardieri legionari possono effettuarsi a ripetizione. Della caccia avversaria non si ha alcun segno. Il bombardamento rosso fa qualche timida apparizione con apparecchi isolati su Teruel, ma il giorno 14 maggio, dopo non poche crociere di apparecchi isolati, fu possibile «pescare» uno dei bombardieri che agivano su quel fronte. Fu il sergente Matteini ad abbattere il «Potez» bimotore e da allora anche i bombardieri rossi non si avventurarono più per le vie del cielo. Fu soltanto il 30 maggio che, compiendo un difficile servizio di scorta ad alcuni «Junkers» nel cielo di Avola, la 18ª e la 19ª squadriglia poterono impegnare il combattimento con numerosi «Rata», accorsi su allarme ad impedire l'azione dei bombardieri tedeschi. L'azione fu alquanto disordinata e non dette i risultati che era lecito aspettarsi: tuttavia due «Rata» furono abbattuti da Zotti e da Caracciolo e gli «Junkers» poterono portare a buon fine la loro missione.

Sul fronte d'Andalusia e d'Estremadura — che dopo i primi giorni della rivoluzione era rimasto uno dei più calmi — contribuiva a mantenere la signoria dell'aria per le forze nazionali quel gruppo che un giorno doveva prendere il nome di «Gamba di ferro», il VI da caccia, i cui natali rimontano al 27 aprile 1937. Il gruppo era comandato dal maggiore Leotta ed era formato su due squadriglie, la 31ª e la 32ª rispettivamente comandate da Borgogno e da Botto. Il VI gruppo doveva coprirsi di gloria — come i suoi confratelli — nel prosieguo della guerra. Intanto in quei suoi primi giorni di vita svolse preziosissima ed efficace attività in ricognizioni nel territorio nemico, con lunghe ed estenuanti scorte al bombardamento e con delicate missioni di vigilanza lungo le linee. Certo è che su quel fronte, se i rossi non tentarono azioni, non poco lo si deve ai cacciatori di Leotta, i quali, poi, trovarono altrove teatro adatto alla loro bellicosa aggressività.

Soltanto il giorno 2 giugno si ha una vera ripresa in forze dell'aviazione rossa. E' l'ennesimo tentativo di sorprendere, con formazioni numericamente preponderanti, aliquote dell'Aviazione Legionaria da caccia. L'azione era stata preparata con cura dai rossi: un vero tranello. Ciò nonostante l'aviazione rossa subisce un nuovo scacco ed il suo orgoglio è una volta di più umiliato. Coraggio ed abilità dei piloti del gruppo di Zotti valgono a scompaginare e a sconfiggere una intera flotta aerea rossa, infliggendo ad essa perdite considerevoli.

Su La Granja, fronte di Segovia è in crociera, dunque, con nove apparecchi, la squadriglia del capitano Larsimont del gruppo «Asso di bastoni». Quota 2500. Sono le 18 e fra pochi minuti avrà il cambio dalla squadriglia del capitano Nobili, che deve venire dalla zona di Valladolid. Alle 18,15 ecco i camerati che arrivano. Ma contemporaneamente, a filo della Sierra Guadarrama, proprio sotto una nube, si profila anche una squadriglia di nove «Curtiss». Dalla Sierra intanto spuntano altre squadriglie di «Curtiss» e di «Rata» con un gruppetto di cinque «Boeing», monoplani anche questi di concezione americana, assai veloci.

Trentaquattro rossi, diciotto legionari del Tercio. La caccia sovietica assume formazione a triangolo di pattuglie a cuneo. Stavolta si ha l'impressione che i nemici vogliano battersi in potenza, sicuri della grande sproporzione numerica. No, non reggeranno nemmeno questa volta, subiranno perdite altissime, saranno battuti e messi in fuga, avranno una volta di più l'orgoglio umiliato.

Il comandante rosso è il primo che va in torcia all'inizio del combattimento; poi sono cunei interi che precipitano sotto i colpi; ancora una volta la disciplina crolla, l'animo si perde. I legionari italiani sembrano demoni della guerra aerea. La loro tecnica d'attacco è imbattibile, la loro bravura manovriera insuperabile, il loro senso del «tempo» è perfetto. I rossi sono sparpagliati. È la rotta. Sono caduti dieci «Curtiss», tre «Douglas», due «Rata». Gli altri fuggono disperatamente. Diciotto macchine legionarie riformano i ranghi, sfilano nel cielo di Segovia mentre la popolazione, impazzita d'entusiasmo, è tutta nelle vie ad agitare fazzoletti, a lanciare grida e cappelli. Nessuno manca dei nostri. Nobili, Bozzolan, Daffara, Caracciolo, Guidi, Bellò, Comelli, Gostini e Bagoni della 18ª squadriglia, Larsimont, Garfagnoli, Mottet, Caselli, Baccarà, Novelli, Schievano, Marcovic e Fantoni della 19^a, sono i prodi che hanno partecipato al combattimento e quasi tutti segnano al loro attivo una vittoria.

Ancora una volta i cacciatori legionari danno la dimostrazione del loro coraggio, ancora una volta confermano che il dominio dell'aria si colora non invano d'azzurro, ancora una volta l'aviazione rossa deve evitare di azzardarsi per i cieli.

LA CONQUISTA DELLE PROVINCIE CANTABRICHE E LA BATTAGLIA DI BRUNETE

Per eliminare il vasto teatro della guerra dalle province settentrionali, dopo l'arresto dell'avanzata su Madrid, il comando nazionale decise di effettuare in grande stile un'azione in tale regione cominciando nel settore più orientale. Fine ultimo dell'offensiva era quello di liberare ricchissime regioni, utilmente produttive, e di poter disporre alla fine delle operazioni di un cospicuo esercito fino allora impegnato su quel fronte.
All'offensiva, iniziata con obbiettivo Bilbao, nei primi giorni dell'aprile 1937, presero parte attivamente le forze legionarie terrestri e parteciparono anche quelle aeree che così invertirono il fronte di combattimento.
All'inizio dell'offensiva contro il famoso «cinturone di ferro», costruito dai rossi a protezione di Bilbao, le forze aeree legionarie erano dislocate nei campi di Soria, Logroño e Vitoria, donde partivano per le loro frequentissime azioni.
Utilissimo si dimostrò l'impiego della ricognizione con fini tattici e strategici: fornì in continuità informazioni documentate da rilievi fotografici. Il bombardamento, che con l'aggiungersi degli «S. 79» aveva assunto la consistenza di uno stormo, partendo dal campo di Soria — sempre scortato dai cacciatori che si levavano in volo da Logroño – effettuò precise azioni su Mañaria, su Durango, sulle trincee di Ochandiano, e poi a Dina, Castello, lungo la strada di Elgueta Eibar, sulle batterie di Apatomonasterio, sulla centrale di Bilbao, sul ponte di Guernica ed insomma su tutti quegli obiettivi militari che il Comando giudicava necessario sottoporre all'offesa dal cielo.
Giorno per giorno il cerchio nazionale intorno alla città biscaglina si andava serrando. Elovrio, Durango, Bermeo, il Sollube sono le tappe della liberazione, e l'Aviazione Legionaria dà sempre il suo prezioso contributo al successo delle operazioni.
A titolo di esempio ricordiamo il suo decisivo intervento nella giornata del 9 maggio. I bombardieri veloci tempestarono la dorsale del Gondramadi, la Ermita del Santa Marma e le alture antistanti sino al nodo stradale di Munguia, spezzonarono le truppe rosse ivi ammassate, e fecero sì che il terreno, fino al cinturone, fosse sgombro da impedimenti all'avanzata a terra. Nei primi di giugno ha inizio la fase finale dell'offensiva su Bilbao. L'attività aerea si fa ancor più serrata: hanno luogo duri incontri nel cielo.
Il giorno 4, in un combattimento drammaticissimo, ben sette apparecchi rossi sono abbattuti dai cacciatori legionari. Fu una formazione di dieci «CR. 32», comandata dal valoroso capitano Viola e composta di due pattuglie partite dal campo di Vitoria, ad ottenere lo strepitoso successo su una squadriglia rossa di 17 apparecchi che si era scissa in due formazioni manovranti a diversa quota. Nel carosello aereo Viola trovò il modo di abbattere in fiamme due «Curtiss» verso Sondica; Bernardinis, Presel, Pongiluppi, Galadini, Vitullo — tutti ragazzi usciti dalle meravigliose file dei sottufficiali dell'Arma Aeronautica italiana — ne buttarono giù uno ciascuno. Da terra le «Camicie Nere» poterono assistere esultanti alla vittoria dei fratelli dell'aria.
Il 5 giugno, su Somorrostro, vi fu una nuova battaglia accanita e gloriosa. Due pattuglie del gruppo della «Cucaracha», cioè quello stesso gruppo che il giorno prima aveva ottenuto ben sette vittorie, ricevettero ordine di «crociera libera». È questa l'ebbrezza più profonda di un cacciatore d'aeroplani. Cercare la selvaggina pazientemente — nella zona assegnata alla formazione — per i prati dell'alta quota, per le valli e le colline di nuvole, presso i laghi azzurri degli squarci. Avvistarla di là di quella landa grigia, appostarsi dietro una foresta di cirri, immergersi in quegli accumuli bianchi ove pare che gli apparecchi navighino in un bicchiere di latte.
Quel giorno, fin sul tardi, la crociera non aveva dato risultati, e già Viola, con la sua pattuglia, rientrava al campo di Vitoria. Rimaneva ancora nel cielo l'altra pattuglia comandata da Rocca, con Romualdi, Presel, Salvi e Galadini: un pugno di ardimentosi. Sorvegliava il campo rosso

di Bilbao, che là era stata scorta una formazione di «Curtiss» pronta a prendere il volo: evidentemente i caccia nemici stavano per riparare a Santander. Rocca, dopo dieci minuti di volo, nota la partenza dei «Curtiss»; immediatamente decide di attaccarli e con tutta la sua pattuglia converge su di essi. Romualdi, avvistati due «Curtiss» in volo nei dintorni del campo, vi si lancia addosso come una saetta e in men che non si dica ne abbatte uno che va a fracassarsi in un bosco presso Castro Urdiales; l'altro gli sfugge. Ritorna allora sul campo e con tre puntate a terra incendia un apparecchio che sta per alzarsi in volo. A sua volta. Salvi incendia un «Curtiss» sul campo e un altro ne incendia Galadini. Ognuno fa la sua, vittima, poiché anche Rocca ed anche Presel riescono nell'intento; anzi Presel ne distrugge due con sventagliate delle sue mitragliatrici.

Sembra finita. I «giovanotti» della squadriglia s'abbandonano a qualche acrobazia allegra, il capogruppo si dispone a mettere le ali su casa. Vanno via. Presel è di coda alla formazione, distanziato; gli altri sono più bassi. Ad un certo istante Presel vede che il proprio capo pattuglia, il tenente Rocca, è inseguito da presso da tre nemici. Senza pensarci su due volte, attacca. Ma con che cosa? Ormai i nastri delle sue mitragliatrici sono esauriti. Attaccato a sua volta, si difende con la manovra, superbamente, in uno spazio di cinquecento metri di quota, fino a che, colpito a morte, precipita mentre la sua anima sale nel cielo più alto.

Episodio di sublime eroismo, indimenticabile.

Dell'«asso» Guido Presel occorre dire qualche cosa di più, perché il ventiquattrenne pilota era l'esempio tra gli arditi legionari dell'aria, era un valoroso nel senso più puro della parola. Oltre alla medaglia d'oro concessagli «alla memoria», Guido Presel aveva già ottenuto due medaglie d'argento e due di bronzo al valore militare e, prima ancora di conseguire il brevetto, una medaglia di bronzo al valore aeronautico. La sua fede incomparabile, il senso del dovere altissimo, il patriottismo fervido, affiorano sempre nelle sue lettere scritte alla famiglia. Leggiamone qualcuna; ci fanno riflettere:

24 Marzo, 1937-XV — «...io qui mi trovo bene, anzi benissimo, e non accuso ancora i disagi di questa campagna e spero di portarla a compimento. I pericoli sono quasi nulli, perciò non avete da preoccuparvi di niente. Ho una salute ed uno stomaco di ferro, sono incallito dalle intemperie e dai mangiari. Vorrei dirvi delle soddisfazioni professionali, ma allora dovrei scrivere un romanzo. Vi dico solo che sono orgoglioso, e lo potete essere pure voi, di avere provato quello che uomo sano può provare e che non avrebbe immaginato nemmeno fantasticando. Quando sarò a casa avrò cosa raccontarvi...».

15 Maggio 1937-XV — «...ho appreso con gioia che papà va migliorando e mi auguro di avere in seguito notizie sempre migliori; riguardo la licenza è una cosa molto delicata, perché sinora nessuno l'ha avuta, l'unica cosa sarebbe il rimpatrio che è probabile ottenere, ma qui dovete convenire anche voi che dopo aver fatto tanto non è giusto che me la squagli alla metà, in primo luogo per far capire a tutti quelli che tanto mi stimano che la mia è un'avventura, ma il sentito dovere di servire la nostra causa. Secondariamente far capire a tutti che dei denari e dei benefici, io me ne infischio. È mio assoluto desiderio di combattere questa causa fino a che le mie forze me lo permetteranno per essere un domani orgoglioso di aver collaborato per la grandezza della nostra amata Patria e per il nostro grande Duce. Non abbiate alcun timore per me e pensate che io sto sempre bene e che ho una salute inconsumabile (in nove mesi di lavoro non ho fatto ancora 5 minuti di letto per malattia). Notizie sulle mie ricompense non ve le posso dire perché il più mi devono dare, vi dico solo che sono decorato di due medaglie d'argento e due di bronzo. Ed ora acqua in bocca. Scommetto che il gran daffare di mamma è quello di piangere! Ma come ha tante lagrime in deposito? Non si convince che io sto bene? Salutatemi come al solito tutti i conoscenti...».

5 Giugno 1937-XV *(giorno della morte)* — «...per completare la buona giornata non ci mancava che la vostra lettera e perciò potete immaginare la gioia mia. Dopo molti giorni di stasi abbiamo fatto un magnifico volo che come risultato ci ha portato a sgominare un'altra volta i nostri avversari, che, poverini, hanno un fegataccio di volare ancora dopo le batoste

avute sempre. La qualità dell'azione avrete modo di leggerla su qualche giornale del giorno 4; io ho aumentato il bottino di apparecchi abbattuti, arrivando per ora a 14 da solo più 10 in squadriglia e piazzandomi per il momento al 1° posto nella classifica degli «Assi», e pensare che ancora non è terminata...». Purtroppo, quello stesso 5 giugno l'eroe doveva trovare morte gloriosa nel cielo di Bilbao. Per la causa fascista, in un ennesimo eroico tentativo, Guido Presel, aveva immolato la sua giovane, balda esistenza. Ma la sua memoria vivrà immortale.
L'offensiva su Bilbao si va sviluppando, intanto. Il «cinturone» è intaccato. Bombardamenti metodici e precisi spianano la via all'avanzata delle fanterie nazionali.
Il giorno 5 otto apparecchi del gruppo «Sparvieri» — che al comando di Aramu si sono fatti ormai una meritatissima fama — bombardano efficacemente il campo di Somorrostro: è il preludio di una intensa attività. Infatti il giorno seguente tre «S. 79» della 289ª squadriglia bombardano concentramenti di truppe a Villasanta.
L'11 giugno ben 35 apparecchi rovesciano un micidiale carico di bombe nel settore di avanzata delle balde truppe di Navarra lungo la linea Urculu-San Martin. Gli effetti morali e materiali sono così formidabili che centinaia di rossi si arrendono ai nazionali avanzati. Nello stesso giorno tre pattuglie di «Sparvieri» vanno su tre differenti obiettivi, il nodo stradale di Lezana, il cimitero di Bilbao e il manicomio della capitale biscaglina, lasciandovi cadere ben 70 bombe da cento chili in tutto. Nei giorni successivi i bombardamenti riprendono ancor più terrorizzanti da parte degli «Sparvieri» di Aramu su Larabezna, sul ponte di Portogalete e sul nodo stradale di Somorrostro.
Le truppe nazionali di Franco e quelle legionarie sono ormai alle prese con la famosa «cintura di ferro», la ampia sistemazione difensiva, munita di tutti i più formidabili apprestamenti e costruita secondo i più moderni criteri di arte militare per le fortificazioni, che tecnici di valore avevano giudicata imprendibile. Effettivamente non si sa come possano fare le truppe terrestri, appoggiate dall'artiglieria, a scardinare tanto solide difese.
Ma c'è l'aviazione; ci sono i valenti bombardieri legionari, la cui perizia è pari all'ardimento, la cui valentìa non è minore del coraggio. Con essi sono anche i legionari tedeschi, che nella specialità da bombardamento sono veramente magnifici. All'aviazione è demandato il compito di portare il più fiero colpo alle difese rosse. E il 13 giugno, nella mattinata, per tre ore consecutive, 70 trimotori si avvicendano sulle posizioni dei comunisti tempestandole di bombe di tutti i calibri. Ben 100 tonnellate di potentissimo esplosivo piovono dal cielo sulle fortificazioni della cintura, svellendo i nidi di mitragliatrici, le torrette blindate, le piazzole di artiglieria. La pioggia tremenda raggiunge anche i depositi più lontani, si rovescia sui reparti in linea impedendo ad essi di sistemarsi a difesa, e non risparmia le truppe affluenti dalle retrovie. Breve: l'azione aerea è stata di un contributo incalcolabile, nulla meno che enorme, forse addirittura risolutivo, per la battaglia di Bilbao, per la rottura del «cinturone», per fiaccare ogni velleità di resistenza, tanto più che già nei giorni precedenti il suo martellamento aveva provocato effetti terribili sulle opere fortificate di S. Maria de Lezuma, di Urristi, di Castelumenti.
A documentare l'attività che l'Aviazione Legionaria svolse nel settore bilbaino, nelle sole giornate di giugno fino al 18, valgono queste poche cifre: 2800 ore di volo; 22 bombardamenti eseguiti; 140.000 Kg. di esplosivo lanciati; 30 apparecchi rossi abbattuti.
Si chiude, con l'occupazione di Bilbao, il primo episodio dell'offensiva nazionale nelle provincie cantabriche. Più tardi, nello stesso anno, si avranno gli altri episodi.
Intanto, sia allo scopo di alleggerire la pressione sul fronte settentrionale e possibilmente di distogliere dal prosieguo dell'offensiva, sia anche per risolvere la situazione davanti a Madrid alle cui porte i nazionali sono giunti, il comando rosso effettua un diversivo in grande stile con un'offensiva partente dalle posizioni a sud di Valdemorillo. Ha inizio, così, quella che passerà alla storia col nome di battaglia di Brunete e che si risolve in un vero massacro per i rossi.

Certamente in quei giorni l'attività aerea fu intensa da ambo le parti nella zona del Guadarrama. I rossi misero in effettuazione, nella prima decade di luglio, un tentativo dopo l'altro; ma ottennero ben scarsi risultati. Il più delle volte, anzi, le buscarono sonore.

Ed ecco un nuovo tentativo; anche esso, naturalmente, andato a vuoto. Zona dell'episodio: il cielo tra Toledo e Brunete. Epoca: esattamente il 6 luglio 1937. Già nella mattinata, in quel settore, l'Aviazione Legionaria del gruppo «Zotti» aveva registrato un magnifico successo con l'abbattimento quasi contemporaneo di sei «Biatria» e di un «Marcel Bloch 219», operanti sulle linee per mitragliare gli uni e per bombardare l'altro le truppe nazionali che resistevano alla pressione comunista e che andavano a rafforzare le prime linee. In tutta la giornata, alternandosi nel cielo le formazioni della caccia legionaria avevano ottenuto prestigiosi successi.

Verso sera, su Navalcarnero, incrociano le squadriglie Laimo, che è Larsimont, e Tocci, che è Degli Incerti, al comando del maggiore Zotti, col compito di proteggere da attacchi aerei l'afflusso dei rincalzi nazionali. Improvvisamente intorno alle due squadriglie sono ben trentacinque caccia avversari, tutti «Curtiss» e «Rata», apparecchi quindi veloci e ben armati, modernissimi. I cacciatori legionari non si sgomentano per la preponderanza numerica avversaria né per l'iniziale non bellissima situazione loro. Con manovra meravigliosa per stile e per abilità Larsimont e la sua squadriglia si lanciano contro i «Curtiss» Degli Incerti e la sua formazione, con alla testa Zotti, si avventano contro i «Rata». Il combattimento è breve, ma furioso, accanitissimo, ed avviene ora sulle linee dei rossi ora su quelle dei nazionali. Da terra lo spettacolo è superbo e terribile ad un tempo. I caccia legionari sono impareggiabili e ad uno ad uno fulminano tredici apparecchi nemici, otto «Curtiss» e cinque «Rata». Hanno segnato la loro vittoria individuale: Zotti, Degli Incerti, Comelli, Trevisan, Larsimont, Caselli, Beggiato, Vercellio, Penna, Mottet, e collettiva Schievano, Novelli, Bozzolan e Mattei. Gli altri aerei nemici filano a tutta velocità verso l'orizzonte. Dei legionari solo uno non risponde all'appello: è il sottotenente Vinci, il cui vero nome è Vercellio, precipitato nell'inseguire i fuggiaschi. Come sempre, in cielo, la vittoria si tinge dei colori nazionalisti: per merito dell'Aviazione Legionaria. E' una nuova lampante dimostrazione che i cacciatori italiani dominano nel cielo.

Testardi, i rossi fanno un nuovo tentativo. Forse i Comandi dell'aviazione rossa non vorrebbero più mettere a così dura prova le proprie forze, ma il Comando superiore comunista chiede con insistenza l'intervento del mezzo aereo per alleviare la stretta di Brunete. E il 7 luglio trentasette «Curtiss» e «Rata» divisi in tre formazioni distinte sono nel cielo di Madrid dove volano anche nove monomotori rossi da bombardamento leggero. Immediatamente gli apparecchi legionari di Zotti, in numero di quattordici vanno ad essi incontro. La sproporzione numerica è evidente, ma non per questo l'Aviazione Legionaria lascia l'iniziativa a quella avversaria e tanto meno il dominio dell'aria. Si accende tosto il combattimento; sono dieci minuti di lotta intensa e serrata, anche cruenta.

Il combattimento, cominciato strettissimo, va via via allargandosi rendendosi particolarmente difficile per i legionari ai quali viene a mancare la possibilità dell'appoggio reciproco. Ma i cacciatori legionari sono superbi di ardimento e di valentìa: manovrano impareggiabilmente e finiscono con lo spezzare tutte le formazioni avversarie ponendole in fuga oltre Madrid. La vittoria è completa. Infatti undici apparecchi sovietici vanno a frantumarsi al suolo, cadono in fiamme. Dei legionari cade da eroe il sergente maggiore Passeri. «Curtiss» e «Rata» rimasti incolumi cercano subito la via della salvezza, inseguiti dai caccia legionari. È durante l'azione finale che un altro legionario, il sergente maggiore Mattei, precipita mentre incendia un apparecchio avversario ed ha il suo in fiamme. Ma Mattei si salva col paracadute. Anche Zotti è ferito.

A Gino Passeri fu assegnata la medaglia d'oro al valor militare con la seguente stupenda motivazione: «Volontario in missione di guerra per l'affermazione degli ideali fascisti, partecipava quale pilota da caccia a numerosi combattimenti sempre distinguendosi per aggressività e valore. Nel combattimento del 7 luglio 1937 contro preponderanti forze avversarie con generoso intervento proteggeva l'atterraggio di fortuna del proprio comandante di gruppo che aveva riportato nella lotta gravi avarie all'apparecchio. Rientrava quindi all'attacco con rinnovato ardire finché mortalmente colpito trovava eroica morte sul campo». Al 23° gruppo caccia, l'ormai celebre «Asso di bastoni», protagonista di gesta eroiche, il generalissimo Franco concedeva la medaglia militare collettiva, ambita ricompensa attestante l'altissimo valore di ogni legionario.

C'è ancora qualche tentativo da parte dell'aviazione rossa. Dopo le lezioni somministrate dai legionari, i comunisti non si azzardano ad uscire in massa; tentano, tuttavia, forse per rendersi meno visibili e per sfuggire all'implacabile assalto dei caccia legionari, di tenere il cielo in pattuglie di due o tre apparecchi, e si limitano a brevi azioni sulle linee per poi filare in territorio rosso alla più piccola minaccia di apparizione dei cacciatori legionari. Tentano pure qualche bombardamento. Anche in questo caso, però, nulla v'è da fare; gli aerei nemici sono costretti a buttare a casaccio le bombe e a fuggire al più presto. Quelli che si attardano non hanno scampo. È così che qualche bombardiere rosso viene abbattuto; sono sempre russi, del solito tipo «Natascia», «Katuscia», ecc., ormai molto noti.

Sempre dense d'eroismo e degne di poema sono le gesta dei cavalieri azzurri. Ormai un'aureola meritatissima di leggenda circonda questi ardimentosi, e gli aviatori russi, che costituiscono la quasi totalità dei piloti comunisti, sanno bene che è cosa troppo azzardosa impegnare combattimento contro essi. Meglio starsene nelle proprie basi, anche a costo di lasciare spadroneggiare nel cielo caccia e bombardieri legionari, anche a costo di non portare alcun contributo ai rossi che combattono a terra e che a migliaia muoiono nella trappola di Brunete. Dunque, nuovo periodo d'incontrastata signoria del cielo da parte dell'Aviazione Legionaria. I cacciatori rossi non osano più levarsi in volo per affrontare i «Fiat» legionari che sorvegliano e tutelano l'efficacissima opera dei bombardieri leggeri e pesanti. E questi, poco preoccupati del resto della presenza o meno dell'aviazione da caccia nemica, svolgono intensamente l'azione di bombardamento e di mitragliamento, rovesciando tonnellate di esplosivo nelle retrovie dei comunisti, sgranando le mitragliatrici sulle colonne in marcia, spezzonando le truppe rosse in linea, facendo strage, in una parola, di un intero esercito inconsultamente lanciato allo sfacelo.

Fu in questi giorni che si costituì il nuovo comando dell'Aviazione Nazionale operante nel settore e fu dalla prima decade di luglio che l'Aviazione di Franco cominciò ad agire a forti masse nel bombardamento sopperendo. così, alle deficienze dell'artiglieria nazionale.

La padronanza del cielo da parte dei nazionali causava perdite gravissime nelle file rosse. Prima aveva cagionato la misera fine della tanto strombazzata offensiva, poi aveva aperto la strada al successo della controffensiva delle truppe nazionali. La situazione era dunque diventata per i rossi assai preoccupante, tanto più che la sacca di Brunete stava diventando un vero carnaio. Ogni giorno che passava significava l'aggiunta di nuove considerevolissime perdite. Tutto ciò indusse il comando rosso a chiedere con insistenza l'intervento dell'aviazione da caccia per liberare il settore dall'aviazione nazionale da bombardamento.

È il 12 luglio; una data che i rossi non hanno dimenticata per un pezzo, perché da allora, nel settore di Madrid, nel cielo, il dominio è stato degli apparecchi dai colori nazionali.

Una quarantina di caccia rossi, sempre «Curtiss» e «Rata», muovono dalle basi di Madrid verso Brunete; ma anche i legionari sono numerosi: c'è in crociera il gruppo del maggiore Casero, cioè quel gruppo «Cucaracha» che tante vittorie ha già collezionato, c'è anche quello di Zotti, vi sono i velocissimi «Messerschmitt» da caccia della legione tedesca Condor ed è pure presente una pattuglia della squadriglia spagnola di Garda Morato. La battaglia si fa presto violentissima; tutte le forze, d'ambo le parti, sono impegnate; ovunque nel cielo crepitano per alcuni minuti le mitragliatrici. Gli apparecchi legionari hanno presto la meglio: rompono le formazioni avversarie dopo averle costrette al combattimento e mietono vittime in abbondanza. Quindici apparecchi rossi sono in breve abbattuti: di essi molti cadono in fiamme. Gli altri si eclissano. Il capitano Brambilla, il capitano François, i tenenti Monti, Beretta, Boldetti, i sergenti Milella, Vitullo, Giannotti, Ascarini, Pongiluppi si assicurano la propria vittima fra i rossi; ma anche il maggiore Casero, i tenenti Ricci e Pascucci e il sergente Carini ottengono bravamente la loro vittoria o soli o in collaborazione. La vittoria è piena, totale. Dei legionari italiani nessuno ha pagato col sangue nell'azione ardimentosa; solo un apparecchio tedesco ed uno dei nazionali spagnoli, quello del valoroso capitano Bermudez de Castro, sono caduti.

Da quel giorno, nel cielo di Madrid, i cacciatori legionari non hanno più conosciuto avversari. Tutte le volte che l'aviazione rossa ha osato avventurarsi nel cielo, la lezione è stata immediata e dura. Così fu il 15 luglio, nel cielo dell'Escoriale, la reggia di Filippo II. La massa avversaria che tendeva ad aumentare ogni giorno di più, consigliava di non partire in pochi. Quel giorno erano in 39, e siccome era nuvolo, andarono 17 sopra e 13 sotto lo strato. Ogni punto dell'orizzonte veniva controllato. Apparvero 12 «Rata», evidentemente guidali da piloti di gran fegato. Perché non temettero di assalire separatamente le nostre due formazioni. La piccola formazione spagnola aggregata al gruppo legionario gareggiò in temerità. Assalì da sola, quattro contro dodici, battendosi disperatamente, senza attendere l'arrivo del grosso. Intervenne subito la squadriglia di Brambilla. Cinque «Rata» furono abbattuti da Banchero, Drigani, Baschirotto, Carini e Pocar; ma il combattimento proseguì più in là sul lido di Madrid. Aurili fu il protagonista di un episodio d'incomparabile ardimento. Egli si lasciò trascinare dentro, sulle batterie antiaeree per inseguire troppo un furbacchione. Il «ragazzo» gli stette dietro fino a che non lo vide atterrare sull'aerodromo di Barajas. L'aereo rosso non aveva ancora toccato terra che un inferno di fuoco gli salì intorno. D'intesa, tutta intera la difesa antiaerea della capitale s'era messa in moto. Cortine di proiettili esplosivi si stesero dinanzi. Parve che il povero falchetto imprudente dovesse restare chiuso in quella gabbia enorme sbarrata dalle invisibili verticali delle granate antiaeree.

Ma Aurili ebbe fortuna. Cercò di fare quota, tirandosi sul petto tutta la «cloche». Sperò di passare sopra le cortine, e tornarsene al campo. In fondo al cuore egli invocava che fossero venuti su degli apparecchi nemici a dargli la caccia: sarebbe cessato il fuoco delle artiglierie. Volò da pazzo, sopra, sotto, giocando a mosca cieca con i globi di fumo azzurro che salivano da tutte le parti e lo inseguivano, si avvicinavano tenacemente. Si volgeva di qua, di là: finalmente sussultò. Il fuoco era cessato. Erano saliti tre «Rata». «Meglio così — si dice Aurili, — meglio cadere sparando che fracassato da una cannonata». I «Rata» gli erano già vicini. Ma non ancora a tiro utile: «che accostino ancora un poco». Uno si staccò e gli fu sopra. Ma Aurili affondò come un masso di piombo. Precipitò di mille, millecinquecento metri. Era quasi sopra le case di Madrid. Stava per cadere sulla torre telefonica. «Tirò» a corpo perduto. Sotto il naso gli sfilò spaventosamente in un rapido lampo nero la mole di un campanile. L'altro, per contro, affondava per inseguirlo e l'imprevista manovra li portò muso contro muso. Sparavano contemporaneamente. Aurili era «ingranato» nel combattimento. Ridiscese e l'altro che era sceso giù risalì. Continuarono entrambi a impallinarsi, combattendo verticalmente. Il rosso aveva esaurito le munizioni. Aurili pure. Poteva dunque rientrare. Gli restava un quarto d'ora di benzina. Appena fino al campo. Era salvo.

In quello stesso combattimento il comandante Morato era riuscito ad offrire una nuova prova del suo valore e della sua valentìa abbattendo un «Rata». E l'aviazione rossa aveva ricevuto un'altra lezione.

Così fu, anche, il giorno 16. Dopo i combattimenti che l'«Asso di Bastoni» e gli altri gruppi legionari sostennero nel cielo di Madrid, con i risultati già detti, una squadriglia di «Pappagalli». i bombardieri rossi, verso le 7 di sera si presentò sul campo di Avila. Il Gruppo di Casero era già tutto su, in crociera libera. Diviso in due formazioni, s'era diretto verso Madrid e l'Escorial. Nei giorni precedenti le cose erano andate bene. Le azioni del bombardamento e della caccia rossa si facevano più assidue. Le fanterie delle brigate internazionali attaccavano disperatamente Brunete, Villanueva del Pardillo, Villanueva della

Canada. Miaja giocava con tutto il suo fronte la carta decisiva per tagliare in due l'esercito nazionale. L'aviazione comunista era chiamata a partecipare alla pericolosa manovra con tutti i suoi effettivi. Identificato il campo d'aviazione nostro ad Avila, s'erano mosse le squadriglie di «Pappagalli» verso quella tarda ora del giorno, per sorprendere la caccia legionaria già a terra, e distruggere il maggior numero di apparecchi. Il bombardamento del campo di Avila, in effetti, fu infernale. I rossi scaricarono alcune tonnellate di bombe, che però bucarono i prati vuoti, ed uccisero solo due disgraziati contadini dei dintorni. Gli apparecchi erano in aria. Mal passo per i «Pappagalli».

Esaurite le munizioni, essi puntarono su Madrid per rientrare a casa. Allargarono per S. Rafaele, la sierra Guadarrama, e incocciarono nella squadriglia del capitano François. Tuttavia la distanza appariva ancora grande. François non poteva far nulla di più che buttarsi su un solo apparecchio di coda, e precipitarlo. Gli altri erano già su Madrid e riuscirono a pigliare terra incolumi.

Solo il 18, due giorni dopo, fu fatta festa ai «Pappagalli». Il gioco del comando d'aviazione rosso era scoperto: venivano a bombardare verso le sette di sera sempre sperando che l'imbrunire decidesse la nostra caccia a rientrare al campo. Gioco semplice e per un certo aspetto logico ed efficace. «Quando il sole tramonta gli aviatori vanno a riposare — si dicevano i rossi — e noi li distruggiamo a terra». Naturalmente i nostri non riposavano. Alle sette di sera stava in aria tutto il gruppo, in crociera di interdizione. L'aria si faceva grigia quando avvistarono la formazione nemica: 12 «Pappagalli» protetti da 35 caccia, tra «Curtiss» e «Rata». Massa imponente. I nostri erano pure in molti: 7 della venticinquesima squadriglia, 8 della ventiseiesima, 8 della ventiquattresima e la squadriglia nazionale comandata da Garda Morato. Un totale di 27 «CR. 32» agguerritissimi.

La vista dei «Pappagalli» fece perdere il lume degli occhi ai «giovanotti» della «Cucaracha». Tutti addosso: li avevano in mano. Quattro minuti di scariche e 9 «bombardieri» precipitarono: 8 erano stati abbattuti dai legionari del gruppo «Cucaracha» ed uno dai piloti del gruppo Morato. Fu uno spettacolo caotico e tremendo. Ali incendiate che s'abbattevano, funghi di paracadute che s'aprivano, alcuni apparecchi scoppiarono in aria col loro carico di bombe, «Rata» e «Fiat» in giostra azzannarsi furiosi in un crepitare continuo delle mitragliatrici. I proiettili traccianti disegnavano ghirigori da fuoco d'artificio.

Dei legionari non rispose all'appello il tenente Mollo, precipitato nei pressi di Quijona. Qualche nome dei valorosi piloti legionari che presero parte al fantastico carosello? Eccolo: Casero, Brambilla, Alessandrini, Banchero, Drigani, Bolesani, Carini, Baschirotto, François, Pascucci, De Micheli, Fratini, Milella, Ricci, Galadini, Costantini, Pongiluppi, Romagnoli, De Bernardinis, Mosena, Mollo.

Fu un'altra dimostrazione che, nonostante le velleità e i tentativi avversari, il dominio dell'aria apparteneva ai nazionali. In questa occasione, tra gli apparecchi da caccia avversari, erano comparsi anche alcuni «Fury», di fabbricazione inglese; ma neppure con tali velivoli, modernissimi e robusti, i rossi riuscirono a prevalere.

Il giorno 24 era in crociera sul fronte di Brunete una formazione di «CR. 32» al comando di Nobili. A quota inferiore stavano dieci «Rata»: un boccone prelibato. Il infatti in men che non si dica Nobili coi suoi è addosso ai rossi e li mitraglia addentrandosi nelle linee nemiche. È una nuova strage di «R a t a»: dalle notizie limite dai posti di osservazione a terra ben sette risultano gli apparecchi nemici abbattuti.

Un consuntivo dell'opera svolta dai cacciatori legionari durante la battaglia di Brunete? Non meno di settanta apparecchi rossi, fra caccia e bombardamento, abbattuti in diciassette giorni, cioè più di quattro al giorno.

Questo accadde fra il 6 e il 24 luglio, giorni in cui Brunete cadde sotto l'attacco delle truppe nazionali. Ma la caccia legionaria non si fermò a questa gloria ed il giorno successivo, in due differenti combattimenti aerei, uno nella mattinata ed uno nel pomeriggio, ne buttò giù 14.

Sul cielo di Brunete erano comparsi, nella tarda mattinata, i cacciatori rossi, in buon numero:

volevano ostacolare l'opera degli aerei da bombardamento. Ma vigilavano in alto le squadriglie Degli Incerti, Larsimont e Nobili (i cui nomi di copertura rispondevano rispettivamente al quelli di Tocci, Laimo e Notabili), del gruppo «Asso di bastoni». Si accese subito la lotta ed in pochi istanti cinque caccia russi caddero al suolo; gli altri trovarono scampo nella fuga. I tenenti Cipolla e Caselli avevano ottenuto la loro vittoria individuale.
Non paghi della lezione, i caccia russi si ripresentarono su Brunete nel pomeriggio. Casero partì alla testa dell'intero gruppo «Cucaracha» e della squadriglia nazionale di Garda Morato. Totale di 28 apparecchi. Andarono in crociera verso Villanuova della Cañada. Non videro nulla. Ma poco dopo sentirono sparare in coda. Erano tre «Rata» che scaricavano le armi dandosi subito alla fuga. Inseguimento. Il nemico faceva quota per unirsi ad una formazione di altri 45 apparecchi da caccia che volava più in alto, e non aveva visto i nostri. Il cielo è largo e si può non scorgersi. Ventotto contro quarantotto, adesso. Per di più il nemico era in quota e occorreva assalire dal basso in alto. Muso all'insù, i ventotto apparecchi sorpresero l'intera formazione rossa, che si sparpagliò. La battaglia del 25 luglio su Madrid fu una mischia formidabile ma fu anche una epopea che solo potrebbe descrivere chi l'ha vissuta, e fu una nuova batosta, ancor più sonora: sette «Curtiss» e due «Rata» andarono a fracassarsi al suolo in fiamme. Protagonisti principali: Casero, De Micheli, Sartori, Milella, Brambilla, Pocar, Curilli, Drigani, Monti, Carini, Alessandrini, Baschirotto e l'immancabile Morato. Nomi noti, tutti; temutissimi dai rossi!
Ma proseguiamo nel segnalare episodi dei cacciatori legionari, avvenuti sempre nel luglio 1937. È il giorno 26: sono in crociera di protezione al bombardamento 23 apparecchi del valorosissimo XVI gruppo, più tre «CR. 32» del non meno valoroso gruppo del maggiore Morato. La formazione naviga nel cielo di Villanuova della Cañada e di Brunete, poi, ultimata felicemente l'azione dei bombardieri, si sposta in direzione di Madrid, verso la sacca di Las Rozas. Improvvisamente Casero, che comanda la formazione, vede in alto un nugolo di «Curtiss»: sono molto addentro nel territorio rosso e non hanno l'aria di volersi approssimare alle linee. «Gatta ci cova», pensa Casero e decide subito, facendo il finto tonto, di allargare verso l'Escorial tenendo d'occhio la formazione nemica. Intanto fa quota. Poco dopo ecco sfilargli a qualche centinaio di metri più sotto, con direzione Brunete, tre «Martin Bomber». Anche se lontano c'è la caccia avversaria, numerosissima, che vigila, la preda è troppo bella per lasciarsela sfuggire. I «CR. 32», al segnale del comandante, si gettano sul facile bersaglio e in men che non si dica un bombardiere nemico è visto precipitare, mentre un altro, cui è stato incendiato un motore, va a perdersi lontano. Ma nell'inseguimento dei «Martin Bomber» gli apparecchi legionari vengono a trovarsi a contatto con i «Curtiss». La battaglia si riaccende furibonda. Ha luogo una di quelle giostre aeree rapidissime che lasciano senza fiato chi ha la ventura di assistervi. Breve: Alessandrini, Beretta, Guglielmotti, De Bernardinis abbattono ciascuno un «Curtiss», e forse anche Montegnacco riesce nella stessa prodezza. Però, al ritorno al campo, nei piloti non c'è concordanza sullo svolgimento della battaglia, per la sua prima fase. Qualche pilota afferma di avere visto due distinte formazioni di «Martin Bomber», qualche altro afferma che ce n'era una sola. Comunque almeno uno dei grossi bombardieri rossi è andato distrutto.
Se la caccia dominava nell'aria, anche i bombardieri legionari dimostrarono di essere i padroni del cielo. In questo periodo, sul fronte di Madrid, le azioni che essi svolsero furono infatti numerose ed efficacissime. Nello svolgerle non ebbero molestie. Ricordiamone qualcuna a titolo esemplificativo.
13 luglio: aliquote dell'aviazione leggera da bombardamento si portano su Gualapagar, Collado e Villalba dove spezzonano ammassamenti di truppe rosse in attesa di essere inviate in linea. Il giorno seguente il bombardamento veloce continua indisturbato la macina impressionante sulla zona di Valdemorillo, dove sono ammassati i rincalzi in buon numero. Nei giorni seguenti l'azione di bombardamento continua sistematica con risultati disastrosi per i rossi: intere colonne di rincalzi in marcia vengono squassate dal preciso bombardamento.

Il giorno 16 i bombardieri veloci si portano sul campo d'aviazione di Alcalà de Henares, a nord-est di Madrid, e vi lasciano cadere bombe di vario peso distruggendo una aviorimessa, dove probabilmente si trovavano apparecchi nemici; anche la sede del comando è colpita. Il 17, il bombardamento rapido del «Tercio» batte la zona di Villanueva del Pardillo e tutte le linee di comunicazione tra Valdemorillo e Villanueva de la Canada, ottenendo risultati cospicui tra i quali l'esplosione di un grosso deposito di munizioni.

Altro episodio, accaduto questo sul fronte di Madrid, dove i rovesci di marxisti si sono susseguiti in questo periodo con un crescendo impressionante. È la sera del 18 luglio 1937 e si celebra il primo annuale dell'insurrezione nazionale. L'Aviazione Legionaria da bombardamento partecipa anch'essa alla celebrazione con le sue temibilissime armi: si tratta di stroncare ogni velleità nemica nella sacca di Brunete. Numerosi apparecchi della Aviazione di Franco, tra cui alcuni legionari da bombardamento pesante, quelli di Aramu, sono sul cielo di Brunete e scaricano tonnellate e tonnellate di esplosivo e sparano migliaia e migliaia di proiettili di mitragliatrice su una zona estesa poco più di sette chilometri quadrati.

La reazione contraerea dei rossi è rabbiosa e generale, ma l'esito nullo. Le batterie antiaeree comuniste spararono, nel breve tempo, non meno di 2000 colpi, ma non un solo apparecchio legionario fu colpito. Anche gli apparecchi tedeschi non ebbero danni.

C'è da trarre qualche insegnamento sull'efficacia del tiro contraereo quando l'azione dall'alto è compiuta in massa ed in continuità? Forse. Ben cinquanta cannoni contraerei presero parte alla sparatoria contro i bombardieri in quella circostanza, poiché tanti e forse più erano i pezzi dei governativi concentrati in quel settore. L'aviazione rossa da caccia cercò d'intervenire ma fu brillantemente tenuta a bada dai cacciatori legionari con i quali ebbe accaniti combattimenti. Risultati: il nemico dovette rinunciare ai suoi disegni dopo avere subito perdite spaventose.

L'offensiva rossa di Brunete offrì lo spettacolo della sua potenza, della sua violenza. Il gruppo da bombardamento di Aramu, batté come maglio, reiterando le sue azioni terrificanti tre o quattro volte dall'alba al tramonto, sulla sacca che da Valdemorillo pende fino a Brunete. E gli «Sparvieri» di Aramu tempestarono nel frattempo i campi d'aviazione della zona madrilena, compirono fulminee puntate nelle più lontane retrovie, batterono treni e convogli d'autocarri in marcia.

La stampa francese, unilaterale come sempre nel riferire sulla guerra di Spagna, tentò di offuscare la gloria dell'Aviazione Legionaria, conquistata a prezzo di sangue con fulgidissime e memorabili vittorie. Proprio per il periodo della battaglia di Madrid dette notizia di un combattimento aereo senza esempio, travisandolo completamente nelle successive fasi e nei risultati. Non staremo qui a polemizzare, perché non è questo il nostro compito; sta di fatto che i bombardieri legionari, scortati dalla saettante e vigile caccia, tennero bravamente il cielo di Madrid per tutto il tempo che vollero, rovesciarono tutto il carico di bombe sulle opere fortificate con evidente precisione, respinsero gli assalti degli apparecchi da caccia nemici, che in rilevante numero furono abbattuti, e non subirono che pochissimi danni dal fuoco contraereo costringendo anche non poche batterie al silenzio. E dire che, per questa azione, la stampa francese del fronte popolare, parlò di ben diciotto apparecchi nazionali abbattuti. In un solo particolare risponde a verità quanto fu stampato dai rossi, e cioè che durante il periodo dell'offensiva di Madrid effettuata dai comunisti per liberare la città, masse imponenti di aviazione sono state impiegate dall'una e dall'altra parte.

E poiché abbiamo fatto cenno all'impiego dell'aviazione durante la memorabile battaglia di Madrid, che culminò con la dura lezione di Brunete, sarà bene riprodurre la nota ufficiale riguardante l'azione delle forze aeree in questo periodo e su tale settore.

«L'attività che l'Aviazione Legionaria ha svolto durante l'offensiva rossa e dopo, durante la controffensiva nazionale nel settore di Brunete, sul fronte di Madrid, è degna di grande rilievo. Va innanzi tutto notato che le forze rosse hanno ricevuto in questi ultimi tempi importanti rifornimenti di materiale e numeroso personale di volo e specializzato proveniente dalla Russia e una dimostrazione pratica di quello fatto si è avuta in questi ultimi giorni per

l'apparizione di nuovi tipi di apparecchi russi e americani.
Per quanto concerne il materiale da volo americano è da precisare che questo è stato trasportato da piroscafi russi che l'hanno sbarcato a Cartagena.
Nella recente offensiva il comando della difesa di Madrid ha dimostrato di dare grande importanza all'impiego delle forze aeree disponibili e mai come questa volta nel settore di Brunete sono state impiegate così importanti masse da bombardamento e da caccia. Le forze aeree rosse non sono state adoperate secondo determinati criteri di impiego; l'organizzazione delle forze aeree rosse risente della improvvisazione di esse e della partecipazione di personale di volo che, non essendo della stessa nazionalità, si trova certamente a disagio per tutto quanto riflette l'impiego dei mezzi aerei. Ciò va rilevato non soltanto per le forze aeree da caccia; ma specialmente per quelle da bombardamento. Tuttavia bisogna considerare che tali lacune riflettono il carattere e i sistemi d'impiego delle forze aeree rosse, hanno un valore contingente e non diminuiscono e non possono diminuire l'importanza di una azione di massa quando questa riesce a non essere contrastata dallo avversario.
Contro queste forze aeree importanti di cui ora dispone il Governo di Valencia, grazie agli aiuti internazionali e alla così detta politica di non intervento, sono opposte quelle dell'Aviazione Legionaria, disciplinata, non soltanto nella rigida applicazione degli ordini di operazione ma anche e soprattutto nell'applicazione di quei criteri di impiego che sono alla base della loro preparazione militare e professionale.
Nel campo dell'attività aerea della Aviazione Legionaria, non si può parlare di improvvisazione: qui tutto è fondato su una organizzazione tecnicamente perfetta e sulla applicazione metodica e razionale di quei caratteri di impiego che più si addicono ad ogni singola operazione. La superiorità dell'Aviazione Legionaria deriva appunto dal metodo con il quale essa viene impiegata e dall'incessante e complessa attività che essa svolge.
Non è solo nel numero degli apparecchi abbattuti che si riassume l'importanza del ruolo spettante all'Aviazione Legionaria, quanto nell'azione svolta attraverso interventi tempestivi in combattimenti aerei, sulle masse nemiche durante lo svolgimento della loro azione offensiva o durante l'avanzata con le azioni delle forze nazionali.
Nel cielo di Madrid l'Aviazione Legionaria ha più di una volta affermato una superiorità d'azione che ha facilitato enormemente il compito delle fanterie liberandole dall'offesa aerea nemica e annientando ogni sforzo dei rossi.
L'Aviazione Legionaria ha rivelato inoltre una sua efficienza tecnica indiscutibile sia nei riguardi del materiale di volo che per quanto riguarda l'armamento di bordo... Il personale di volo e quello specializzato hanno moltiplicato i loro sforzi nelle azioni di volo e nell'organizzazione a terra. I piloti, radiotelegrafisti, motoristi, montatori, si sono prodigati incessantemente dimostrando che è nello spirito di sacrificio che si vivificano tutte le più alte espressioni dello spirito guerriero».
Questo per il solo settore di Madrid, nel breve periodo considerato. Ma ovunque il dominio del cielo fu pieno per i legionari.

Ritorniamo alle operazioni belliche delle province settentrionali. La mossa di Brunete si è risolta nel modo più disastroso per i rossi e da quella parte non vi è più nulla da temere per i nazionali. Si può ora riprendere il movimento per la liberazione delle province cantabriche.
È ora la volta di Santander. L'offensiva delle truppe Razionali e legionarie non tarda a svilupparsi. Le, forze aeree legionarie, come sempre, sono presenti e attivissime. Già il 13 luglio, l'Aviazione Legionaria da bombardamento pesante batte le opere militari di Alta Detornoz, con risultati evidentissimi, e il giorno seguente rovescia su Reinosa, sulle opere difensive, ingente quantità di esplosivo influendo notevolmente anche sul morale dei rossi.
Sul fronte di Santander, anche l'aviazione da caccia — rappresentata dal VI gruppo, ivi trasferitosi — registrava giornalmente notevoli successi, pure non avendo da combattere contro grandi masse nemiche. Segnaliamo qualche esempio di questa attività, che sta a

dimostrare, se ce ne fosse il bisogno, che il dominio dell'aria da parte delle forze legionarie è stato integrale, cioè tanto sotto il punto di vista geografico che sotto quello delle varie specialità aeronautiche.

Il 9 luglio dieci «CR. 32» partono su allarme da Villarcayo: cinque appartengono alla 31ª squadriglia e cinque alla 32^a. S'inoltrano in territorio nemico fino a circa 50 chilometri dalle linee e finalmente la pattuglia di Borgogno si scontra con dodici «Rata» e «Curtiss». Il combattimento è impari; ma dalla parte dei legionari c'è l'iniziativa, l'ardimento, la valentìa. Borgogno e Ricotti mitragliano un «Rata» e lo buttano giù in candela. Zanetti e Bigolli sventagliano le loro raffiche sui «Curtiss» ma non sono in grado di giudicarne l'effetto finale. Quel che è certo è che i legionari rimangono padroni dello spazio.

Ecco un significativo episodio: è il pomeriggio del giorno 16 luglio; in crociera libera, oltre monte Mazza, volano cinque caccia della squadriglia di Botto. Per un po' di tempo nessuna molestia: l'aviazione nemica sembra del tutto scomparsa. Ma l'agguato è vicino, ed infatti, in un momento, di fronte ai cinque «Fiat» si fanno, baldanzosi, undici «Rata», sbucati chissà da dove. L'occasione, per i rossi, è favorevolissima: preponderanza numerica notevolissima, teatro della lotta il cielo amico, quota superiore di circa mille metri. Ma la tempra dei cacciatori legionari sa superare qualsiasi avversità. In men che non si dica tre «Rata» precipitano in fiamme al suolo sotto il preciso mitragliamento dei cacciatori azzurri. Botto, Molinari, De Campo, Barberis, Corsi sono i piloti cui spetta il vanto di avere abbattuto i tre aerei nemici. È il panico tra gli altri cacciatori rossi. La formazione si smembra come per incanto; a gruppetti gli aerei nemici fuggono verso la costa fidando nella maggiore velocità e riescono infatti ad eclissarsi.

Nella battaglia di Santander i cacciatori vennero impiegati al di là degli stessi limiti circoscritti ai compiti di un aeroplano. Furono «arditi» di assalto scendendo a mitagliare da dieci metri le trincee nemiche, furono «carri leggeri» da avanscoperta guidando dall'altezza di un centinaio di metri le fanterie sugli obiettivi, furono «carri d'assalto» indicando il cammino ai plotoni con gli spruzzi delle mitragliatrici a proiettili traccianti, furono «cavalleria» nell'inseguimento del nemico sloggiato dall'assalto dei fanti. Quante volte non fu visto il soldato — dalla strada, dal fosso, dalla siepe — durante quelle giornate indimenticabili di Santander, levare le braccia armate al cielo e benedire nel suo dialetto il farfallone veloce che l'aiutava nella fatica pesante di vincere passo per passo.

Già precedentemente, sul fronte di Santander, l'Aviazione Legionaria aveva dimostrato la propria efficienza e aveva detto subito la propria parola: si era presentata infatti all'aviazione santanderina con un significativo biglietto da visita: nei primi due giorni di offensiva ben 16 apparecchi comunisti erano stati abbattuti dai caccia legionari.

Nei periodi di maggiore intensità di attività aerea fra i nostri apparecchi si sono brillantemente distinti anche gli apparecchi da assalto «Breda 65». Essi hanno disimpegnato le più svariate funzioni ed hanno dato un ottimo rendimento. Anche questi apparecchi modernissimi hanno così avuto il collaudo della realtà della guerra moderna ed hanno corrisposto in pieno all'aspettativa dei progettisti e degli enti di impiego.

Registriamo qualche episodio ancora. Il 6 agosto una numerosa formazione rossa attacca nel cielo di Selaia due «Ro 37» da ricognizione scortati da una quindicina di caccia. In un baleno nove sicuri e tre probabili cacciatori nemici dei tipi «Curtiss» e «Rata» precipitano in fiamme. I «Ro 37» possono compiere indisturbati la loro missione fotografica che si è svolta 45 chilometri nell'interno del territorio rosso. Il comportamento di tutti i piloti è magnifico per slancio e sprezzo del rischio e tutti tornano incolumi. Le singole vittorie sono così ripartite tra i valorosi: Botto, due «Rata»; Molinari, De Campo, Tinti, Gobbo, Bertolini e Ghelardoni, un «Rata» ciascuno; Benassi, un «Curtiss»; Leotta, Borgogno e Bernardi, un «Rata» probabile ciascuno.

Un analogo scontro aereo avviene pochi giorni dopo, il 10 agosto. Dodici nostri apparecchi

da ricognizione, vigilati da quindici caccia, si alzano per svolgere un'azione intimidatrice a settentrione di Ontaneda e di Selaia. Ma la strada è ad essi sbarrata da dodici apparecchi nemici. Questa volta la sproporzione numerica è a vantaggio dei legionari. I caccia si lanciano subito all'attacco: in pochi minuti dieci caccia rossi sono abbattuti. L'Aviazione Legionaria non perdona; opera con una tale velocità, con una tale fulmineità, che i nemici perdono il controllo, pure essendo provetti nell'arte del volo e tutt'altro che privi di audacia, una volta che, volenti o nolenti, sono lanciati in aria.
Riferiamo ancora procedendo cronologicamente. E' il 15 agosto, nel cielo tra Arigà e Soncillo. Una esigua pattuglia di «CR. 32», comandata dal tenente Monti, viene attaccata da una dozzina di «Curtiss». Stanno per essere sopraffatti ma interviene un'altra formazione legionaria, comandata, questa, da Brambilla. Anche i rossi ricevono rinforzi: una dozzina di «Rata» impegna Brambilla e i suoi gregari. Chiamata su allarme interviene anche la squadriglia del capitano Borgogno, sì che la battaglia si amplia. Si combatte in accaniti duelli persino a seimila metri. Il risultato finale è che tre apparecchi nemici vanno ad infrangersi al suolo.
Il 20 agosto, un po' prima di mezzogiorno, una formazione legionaria, scortata da quindici «Fiat», s'imbatte, a settentrione di Selaia, in una ventina di «Curtiss» e di «Rata» che erano in volo per mitragliare i fanti della divisione «Frecce nere». I nostri caccia non perdoni tempo; si dividono il lavoro e con sicurezza implacabile, disorientatrice, attaccano i rossi. Nel combattimento, durato non più di dieci minuti, undici apparecchi nemici precipitano. Leotta da solo butta già un «Rata» e un «Curtiss», mentre Borgogno, Arcangeletti, Zanetti, Leoncini, Franchino, Aicardi, Cesana, Benassi sono i piloti che ottengono le altre vittorie. E la storia si ripete, matematicamente, ogni pochi giorni, anzi ogni giorno.
Il 21 infatti, la 25^a squadriglia su due formazioni comandate rispettivamente da Mezzetti e da Mariotti, levatasi in volo dal campo di Villarcajo, s'impegna in un combattimento, a cui già partecipavano la 26^a, la 31^a e la 32^a, contro numerosissimi «Rata». Si accende una battaglia impressionante che si sminuzza in tanti duelli allargandosi su vastissimo fronte. I legionari sono nulla meno che magnifici: tengono il cielo da padroni, l'iniziativa è loro. Oltre ai «Rata», compaiono nel cielo della battaglia i «Curtiss», ma l'esito non cambia che la vittoria è ormai piena per i colori giallo e oro. Alla fine, dopo che sette apparecchi nemici sicuri e quattro probabili sono stati abbattuti, la lotta si placa. I rimanenti apparecchi rossi si dileguano velocemente. I legionari rientrano tutti, paghi di avere contribuito alla bella vittoria.
Il 22 undici apparecchi del VI gruppo, mentre effettuano una crociera di protezione, si scontrano contro un egual numero di cacciatori nemici su Ontanega. La squadriglia di Botto fa miracoli e in breve butta giù quattro «Curtiss» ma altri quattro o cinque sono costretti ad atterrare malconci. Così è ancora il giorno successivo perché il gruppo di Leotta, su venti apparecchi, azzuffatosi con una quindicina di caccia rossi sempre su Ontanega, ne butta giù tre sicuri e tre probabili. E a Torrelavega, lo stesso giorno, i piloti della squadriglia di Borgogno abbattono due «Rata».
La partecipazione degli aerei del gruppo dei «Leoni», i «Ro 37», alla battaglia di Santander è stata intensa e veramente ammirevole sotto tutti i punti di vista, per tutto il tempo in cui le operazioni sono durate. Ecco, a titolo di esempio, un episodio che riguarda il gruppo. E' stato così narrato da «Iberiza»:
«Impazienza mal repressa durante il periodo di inevitabile attesa. Discussioni, alla mensa, improntate sul «quando» si farà e sul «come» si farà; ognuno naturalmente ha la sua idea geniale da proporre e che vuole a tutti i costi venga approvata dal vicino il quale, caso strano, è di idea perfettamente contraria. Si tratta beninteso dell'attesissima azione su Santander; argomento di capitale importanza al Campo di Villarcayo dove trovasi dislocato per l'occasione un gruppo d'incursione veloce.
E naturalmente arriva l'ordine di operazioni, minuzioso e preciso, ove vengono specificati i

compiti di ogni specialità dell'Aviazione Legionaria "facendosi riserva" però di comunicare il giorno X, famoso in tutti gli ordini di operazione, e la non meno famosa ora Z.

L'ordine assegna al «Gruppo dei Leoni» l'onore di iniziare (con compito di bombardamento leggero) l'azione quindici minuti prima del tiro di preparazione di artiglieria. Primi quindi a dare il «là» alla grande orchestra di scoppi fragorosi, di sibili di ogni specie, di schianti, che dovrà suonare implacabile per ore ed ore sulle formidabili posizioni nemiche.

In attesa della comunicazione del giorno X, che però si presuppone imminente, si danno gli ultimi tocchi al lavoro di approntamento degli apparecchi e dei mezzi di distruzione. Tutto viene minuziosamente esaminato: gli specialisti con cura affettuosa riguardano i loro motori, i loro apparati, le loro armi, con lo stesso sguardo paterno rivolto ad un figlio che dovrà sostenere un esame importante.

Il comandante del Gruppo, pur essendo sicuro che tutto è a punto e che non si attende che un ordine per scattare, va da una squadriglia all'altra domandando: «Siamo pronti?». «Anche subito!», è la risposta immediata.

Gli equipaggi gironzolano per il campo a caccia di qualche notizia indiscreta che possa far intuire l'inizio dell'azione che dovrà far cadere le illusioni superstiti di qualcuno che credeva ancora all'inviolabilità della capitale della «Montana».

Alba del giorno 14: una comunicazione urgente del Comandante l'Aviazione Legionaria: «Il giorno X preannunziato è oggi e l'ora Z, corrisponde all'ora 7 del mattino; *attenersi all'ordine di operazione in precedenza emanato*».

Nel campo brevi ordini si susseguono, ognuno corre immediatamente al suo posto, tutto si svolge con precisione e rapidità; prima lo scoppiettio e poi il rombo sicuro e sempre più possente degli apparecchi in moto, gli equipaggi a posto; alle 6 e 15' il Gruppo decolla, prende rapidamente quota e formazione e punta sugli obbiettivi stabiliti.

Nella luce ancora incerta del mattino, nella nebbia che ancora stagna in tenui fiocchi lattiginosi in fondo alle valli, s'intuisce la febbrile attesa delle migliaia di legionari che in questo momento vedono finalmente scoccare la loro ora. Si passa da 1500 m. sul Monte Maza, osservatorio del Comando; Soncillo, baluardo rosso, ed ecco Raspalo, l'obiettivo della prima squadriglia.

Un rapido sbattere di ali del capo della formazione e tutta la squadriglia Romano, compatta, «molla» il suo carico di 10 bombe per apparecchio; si seguono per un poco con lo sguardo i piccoli siluri rosso-azzurri nella loro traiettoria, finché scompaiono alla vista; alcuni secondi di attesa ed ecco l'obiettivo coperto da una nuvola densa di fumo, Bersaglio centrato; qualche obiettivo scatta per fissare la «scena», documentario interessante per un album fotografico.

Pochi minuti di volo ancora: ecco Torre de Abaio, obiettivo della squadriglia «Fiume»; identica manovra, identico risultato; in più si nota una vampata altissima seguita da una nuvola giallo-nera: un deposito di munizioni che è saltato in aria.

Protesi dalla fusoliera tutti osservano i risultati; cenni di approvazione da un apparecchio all'altro. Si evoluisce in colonna di pattuglia, carosello imponente sul cielo nemico.

Guardando a terra, sulla linea di schieramento delle nostre artiglierie, si vede una serie di vampe intermittenti: sono le 7, ora Z, inizio del tiro di preparazione. Si vedono I colpi numerosi e precisi scoppiare sulle linee nemiche. Si ritorna al campo: è un accorrere di gente rimasta a terra loro malgrado. «Com'è andata?». «Benissimo!».

Gli armieri hanno già pronto il loro carico di bombe, gli apparecchi vengono subito riforniti ed approntati per un'altra missione.

Ore 8 e 15: bisogna andare ad Espinosa de Bricia, Linares, Corrales de Buelna.

Il Gruppo riparte, distribuendo equamente sui tre obiettivi il suo grazioso carico.

Telefonate continue: occorre sapere se vi è movimento di uomini e di materiali nelle retrovie nemiche. Partono gli apparecchi che con la radio comunicheranno le preziose informazioni, e così continua la multiforme attività del Gruppo. Ricognizioni, rilevamenti fotografici di centinaia di chilometri quadrati di territorio nemico (dai quali non sfugge nulla; le interruzioni della «carrettera» di Santander fatte dai famosi minatori asturiani, sono rilevate in tempo affinché il Genio appronti i mezzi per riattarle), bombardamenti su trinceramenti, su colonne in marcia, si susseguono con la scorta vigile dei «cacciatori» del Gruppo «Leonello», in intima fusione di intenti e di animi, per tutta la durata dell'azione, culminata con la grandiosa dimostrazione aerea su Santander finalmente libera dall'oppressione rossa».

Nella prima, più dura fase, e poi dopo, quando la via della città cantabrica era aperta alla marcia delle colonne, in tutta la battaglia di Santander, che ben si può considerare la più classica e totalitaria vittoria della guerra di Spagna, l'Aviazione Legionaria ha recato il più possente dei contributi dimostrando l'importanza dell'arma aerea ed il suo incommensurabile valore nella risoluzione di una grande battaglia.

Conquistata Santander, l'Aviazione Legionaria da bombardamento non ha riposato sugli allori, ma ha proseguito la sua meravigliosa attività su altro fronte dando nuove prove, in numerosissimi episodi, della sua robusta struttura, della valentìa dei comandi, della disciplina dei gregari, del valore di tutti i suoi componenti.

Bombardieri. Ma anche i piloti dell'assalto, ma anche i piloti della ricognizione, ma anche i cacciatori. Fra questi non si può dimenticare l'eroico tenente Alberto Caselli, caduto il 26 agosto 1937, la cui motivazione di medaglia d'oro è il lucente specchio del suo valore e del suo spirito di abnegazione.

«Volontario di guerra per la conquista dell'Impero e nella campagna antibolscevica in Spagna, pilota da caccia di eccezionale perizia e ardimento, già resosi meritevole di alte ricompense per il suo riconosciuto straordinario valore che gli aveva dato il prestigio dell'eroe, durante un servizio di protezione a formazioni nazionali da bombardamento si prodigava con rinnovato valore ed intelligenza a rintuzzare un attacco di una soverchiante massa da caccia nemica, dando modo ai nostri bombardieri di ritornare a missione compiuta incolumi nelle nostre linee. Nella decisa e disperata lotta ingaggiata con la precisa volontà ed abnegazione che lo distingueva in ogni più difficile e rischiosa impresa, coronava con stupenda morte la sua nobile vita di legionario».

La lotta, indubbiamente, è stata dura; durissima, anzi. Ma il legionario italiano ha in essa trionfato: anche nel cielo. Su tutti i fronti ed in tutti i settori l'Aviazione Legionaria non ha mai dato tregua al nemico, in aria come in terra. Da Barcellona a Madrid, le opere fortificate delle quali città conobbero assai spesso il bombardamento efficacissimo degli aerei nazionali, da Bilbao a Santander e a Gijon, da Saragozza a Brunete, da Teruel a Cordova, da Tortosa a Valencia, ovunque, la padronanza del cielo fu degli apparecchi legionari e degli aviatori legionari.

Fu dominio, assai più che predominio.

Eppure, poiché abbiamo ricordato proprio qui di chi fu il dominio del cielo e, quello che seppe fare l'Aviazione Legionaria durante la battaglia che si concluse con la conquista di Santander occorre dire più specificatamente, perché il contributo da essa portato fu decisivo. Lo dimostrano poche cifre: nei 72 giorni in cui la battaglia si svolse — fra il 16 giugno e il 26 agosto — l'Aviazione Legionaria compì 2.771 voli, di cui 1.971 di caccia, 275 di ricognizione, 525 di bombardamento, lanciò bombe per 453.000 chilogrammi ed abbatté in combattimento 50 apparecchi nemici. Nel mese che precedette la conquista della città il solo VI gruppo da caccia, ad esempio, compì missioni totalizzando quasi mille ore di volo.

L'azione delle forze aeree nel settore santanderino cominciò tre giorni dopo l'occupazione di Bilbao con l'esplorazione sistematica ed il rilevamento fotografico della zona. Determinati i punti più sensibili dell'avversario e stabilite le località ove più era opportuna una immediata azione aerea per scuotere la resistenza, furono iniziate le azioni di bombardamento. Ontanega, Traslanina, Sautona, Olea, Soncillo conobbero successivamente le bombe dell'attivissima Aviazione Legionaria che, pur non agendo a massa, ottenne egualmente risultati conclusivi. Più tardi, mentre portava tutto il suo valido contributo allo stroncamento dell'offensiva rossa su Brunete, proseguì con continuità la sorveglianza su tutto il fronte di Santander controllando qualsiasi movimento del nemico. Altri efficaci bombardamenti furono effettuati sulle opere militari marxiste: Soncillo, Virtus, Allos de Los Tormos, Villaverde, Santander, Reinosa, Villanueva. I grossi bombardieri, protetti dai caccia, incrociavano frequentemente nel cielo della provincia cantabrica e ovunque facevano sentire il peso della loro azione. Dal 29 luglio al 13 agosto, periodo di preparazione sul fronte terrestre, l'attività dell'aviazione si svolse con carattere di assoluta continuità. E quando i rossi tentarono reagire con l'offensiva nel settore di Valmaseda, fu l'Aviazione Legionaria che s'incaricò di fermarli con i ripetuti bombardamenti di Castro Urdiales, Villaverde, la Catera e Abaia.

Ma l'azione offensiva più potente, più serrata e più efficace gli aerei legionari, dominatori nel cielo, la svolsero allorché le truppe terrestri cominciarono a mettersi in movimento iniziando la battaglia nel settore di Soncillo e di Reinosa. Precedendo la preparazione dell'artiglieria le forze aeree legionarie si abbatterono contro le posizioni di Laspanera, Torres de Abajo, Torres de Arriba, Celna, Turena impedendo i movimenti ai rossi ormai da presso attaccati dalle divisioni terrestri. Ovunque fu un martellare demolitore e continuo che non dette tregua al nemico che fu impossibilitato ad inviare rifornimenti in linea.

Le azioni aeree di quelle giornate tanto decisive per le operazioni furono imponenti per il numero dei voli compiuti e per la quantità dell'esplosivo lanciato. I rossi furono scossi moralmente e materialmente sì che si cominciò a delineare per essi, inevitabile, la sconfitta: a Puerto de Escudo i violenti interventi degli aerei legionari annientarono ogni possibilità di resistenza avversaria.

Allargatasi l'occupazione territoriale, i bombardamenti ed i mitragliamenti furono portati su Herbosa, Bolacin, S. Pedro de Domeral e sulla rotabile Puerto del Escudo-Villacarriedo. Né l'azione aerea fu solo quella dei possenti bombardieri: fu anche assicurata la protezione delle colonne in movimento, furono continuamente tenute sotto controllo le forze avversarie, fu proseguita l'esplorazione vicina e lontana. Anche quando le condizioni del tempo risultavano proibitive, l'Aviazione Legionaria fu sempre in grado di approfittare del primo squarcio fra i banchi di nubi per compiere arditissime e sempre efficaci azioni. Tra esse specialmente vanno segnalati i bombardamenti del campo di aviazione di Santander e del centro ferroviario di Renedo.

Dell'aviazione nemica non si ebbero che rarissime comparse. Quando essa tentò, il 23 agosto, un'incursione su Selaia con bombardieri leggeri scortati da cacciatori, l'Aviazione Legionaria segnò al suo attivo un'altra magnifica vittoria abbattendo diversi apparecchi e distruggendo poi quelli che erano potuti sfuggire alla battaglia aerea, sorprendendoli con un violento bombardamento nella loro base di Santander ove si erano rifugiati.

Per tutta la durata della battaglia di Santander l'Aviazione Legionaria fu attivissima. Il dominio del cielo fu in ogni momento il suo, anche quando i vittoriosi legionari della «XXIII Marzo», delle «Frecce Nere», della «Littorio», e del «Raggruppamento Celere» entrarono trionfalmente nella città spagnola, le ali con la croce di S. Andrea volteggiavano sicure e dominatrici nel cielo. Ad una ad una le difese rosse furono attaccate e demolite dall'Aviazione Legionaria; ad uno ad uno i centri di resistenza crollarono sotto i formidabili colpi degli assaltatori del cielo.

L'Aviazione Legionaria, dopo aver esplorata in tutta la sua estensione il teatro della battaglia, dopo aver effettuato azioni offensive preparatorie, nella fase conclusiva delle operazioni si è letteralmente sovrapposta al fronte attivo, combinandosi nel Corpo Legionario quasi fosse un corpo alato d'esercito.

Gli ordini dell'Alto Comando — data la natura del terreno, le resistenze da superare e — occorre sempre ricordarlo — l'eccezionale situazione della guerra civile — volevano che l'Aviazione Legionaria agisse «con la massima intensità» esclusivamente in campo tattico. Come il compito sia stato assolto — con un complesso di effettivi la cui entità, ove fosse conosciuta e quindi riferita al quadro complessivo della grande attività svolta, sbalordirebbe il lettore — lo hanno detto i prigionieri durante la battaglia e, dopo la resa di Santander, le

truppe superstiti ed i Comandi avversari.
Certo è che a Santander l'ala legionaria, dimostrando, come sempre, perizia e slancio, scrisse una nuova pagina di gloria.
E la gloria si doveva ancora rinnovare.

SUL FRONTE ARAGONESE

La strepitosa vittoria di Santander che tanto aveva influito nell'opinione pubblica mondiale nel giudicare la Spagna nazionalista, suscitò la reazione dei rossi ai quali premeva ristabilire, con una vittoria militare, la molto scossa situazione politica. Il governo di Valencia, d'accordo questa volta con quello di Barcellona, stabilì pertanto di intraprendere una vasta offensiva, senza risparmio di mezzi, sul fronte aragonese, dove da tempo regnava calma assoluta, e lanciò enormi masse di armati contro le porzioni dei nazionali nella zona di Saragozza, con lo scopo di far cadere quella città.

Quale sia stato l'esito della tanto strombazzata offensiva, che vide l'impiego da parte dei rossi, di ingenti forze, è a tutti noto: dopo i primi, inevitabili, e pur tuttavia limitatissimi successi, valutabili nell'avanzata, in qualche punto, di alcuni chilometri, le truppe rosse furono fermate ben lungi dagli obiettivi e costrette a sostare dopo avere subito perdite considerevoli in uomini e materiali. Il logoramento continuo per la tenace difesa delle truppe di Franco ne avevano smorzato l'impeto; i rossi furono ben presto costretti a difendersi dal pronto contrattacco dei nazionali e ripersero in breve quanto terreno avevano conquistato a prezzo di sacrifici enormi, conservando solo qua e là qualche lievissimo vantaggio. L'offensiva rossa, effettuata su quattro direttrici, finì dunque col più completo insuccesso.

A farla miseramente fallire contribuì moltissimo l'Aviazione Legionaria, che, impegnata fino a pochi giorni, prima nel settore di Santander, si dislocò subito con le sue squadriglie nell'Aragona. I marxisti, per ottenere il successo, non avevano mancato di impegnare in questa zona la maggior parte della loro aviazione, sperando di conquistare qui quel dominio del cielo che altrove era loro mancato. Imponenti masse di apparecchi da bombardamento, da assalto e da caccia erano state lanciate contro le posizioni dei nazionali nel primo giorno dell'offensiva, con lo scopo evidente di influire materialmente e moralmente contro le truppe del generale Franco. Tutta questa imponente massa di aerei operò specialmente a bassa quota. Ma il dominio del cielo fu effimero, non durò che dall'alba al tramonto di una sola giornata. Poi, apparsi in quei cieli gl'intrepidi volontari legionari, l'aviazione rossa fu costretta a subire iniziativa e padronanza di questi.

La caccia legionaria si coprì nuovamente di gloria, rinnovando nel cielo aragonese i prodigi di Madrid, di Brunete, di Santander, di Bilbao. Il bombardamento proseguì nella zona di Saragozza l'efficace azione svolta in precedenza su altri cieli della Spagna.

Memorabile è l'azione esplicata dalle squadriglie dei cacciatori. I «Fiat», conosciuti in Spagna e fuori per le intrepide gesta, tennero continuamente il cielo effettuando quelle crociere d'interdizione che annullarono ogni possibilità agli aerei avversari e che permisero invece ai bombardieri legionari di svolgere in sicurezza i più pericolosi compiti.

In pochi giorni si ebbe una vera ecatombe di apparecchi marxisti. Nei soli giorni 24 e 25 agosto furono abbattuti ben diciotto apparecchi rossi da caccia e da bombardamento.

Ma vediamo di precisare. Un primo combattimento avvenne il 25, sul mezzogiorno nel cielo di Fuentus de Ebro dove incrociavano in servizio di scorta ai bombardieri, una dozzina di «CR. 32» dell'«Asso di bastoni». Sei cacciatori legionari si trovano impegnati contro un numero doppio di rossi e, per quanto ridotti subito a quattro per la messa fuori combattimenti di Zuffi e di Daffara, tanto seppero manovrare con ordine, disciplina e abilità, tanto si appoggiarono a vicenda che riuscirono ad avere la meglio buttando giù tre «Rata» e ritornando incolumi al campo di partenza. Zotti, Nobili, Cannello e Dentis sono i nomi di questi impareggiabili virtuosi dell'aria.

Più fruttuosa fu la battaglia aerea impegnata lo stesso giorno sempre dal $23°$ gruppo ancora sulla verticale di Fuentes de Ebro. Questa volta ben otto «Martin Bomber» — i velocissimi bombardieri rossi che però non riuscivano più a sfuggire ai nostri cacciatori — furono precipitati. Agevolati dalla differenza di quota i legionari si lanciarono compatti — erano in undici — contro due pattuglie di bombardieri nemici che navigavano serratissimi. Fin dalle prime raffiche i grossi bimotori furono centrati. Le pattuglie si scissero descrivendo due vasti archi di cerchio per invertire la rotta. Virando più stretti i cacciatori legionari, divisi anch'essi in due pattuglie, continuarono a tenerli sotto il micidiale fuoco delle mitragliatrici. Fu una sparatoria ininterrotta che ogni poco produceva la sua vittima. Tre «Martin Bomber» caddero in fiamme entro le linee nazionali, altri cinque andarono a fracassarsi tra Fuentes e Quinto. I due rimanenti poterono salvarsi perché, ormai alleggeriti dalle bombe, riuscirono a guadagnare in velocità in confronto dei «CR. 32». Anche in questo episodio i legionari della caccia dettero prova non solo di abilità non comune, ma altresì di grande disciplina e di metodica collaborazione. Infatti degli otto «Martin Bomber», sei furono, abbattuti in collaborazione e due soli individualmente da Cannello e da Mattei. Alla vittoria sugli altri concorsero Zotti, Ruzzini, Daffara, Nobili, Dentis, Caracciolo, Degli Incerti, Gostini e Tassinari, nomi ormai notissimi e gloriosi.

Il 26 ed il 27 una decina di velivoli comunisti fu distrutta. In un solo combattimento aereo, avvenuto nel cielo tra la zona di Zuera e quella di Quinto, cioè ad oriente di Saragozza, ed al quale partecipò l'intero gruppo «Asso di bastoni», i piloti del Tercio, incontrati una trentina di apparecchi rossi da caccia, riuscirono ad abbatterne in fiamme otto, cinque «Curtiss» e tre «Rata», mettendo in fuga tutti gli altri. E mentre l'imbattibile caccia legionaria compiva il suo appariscente lavoro con stile superbo, i gruppi da bombardamento proseguivano l'azione martellante, efficacissima, sulle retrovie avversarie.

Fra i cacciatori si era distinto, sul fronte aragonese, come prima su quello di Madrid, anche il figliolo del compianto valoroso collega Arnaldo Cipolla, che in poco tempo aveva abbattuto alcuni caccia «Rata» ed alcuni bimotori «Martin Bomber». Il capitano Cipolla è caduto, poi, durante una ardita esibizione di apparecchi italiani nel 1938 nella Repubblica del Salvador.

Fu in questo periodo che nel cielo di Saragozza cadde in epico combattimento aereo il sottotenente pilota Enrico Schievano, alla cui memoria, più tardi, veniva concessa la medaglia d'oro al valore, con una motivazione che vale da sola ad illuminare sulle sue gesta gloriose:

«Volontario in una missione di guerra per l'affermazione dell'ideale fascista, durante sei mesi di campagna rivelava la sua magnifica figura di combattente e di audace pilota da caccia. In numerosi combattimenti cercati dove più accanita era la mischia, riusciva ad infliggere serie perdite al nemico, rientrando più volte dopo aver esaurito tutte le munizioni e con l'apparecchio colpito.

«Il 26 agosto 1937-XV, per difendere una formazione di bombardamento attaccata da soverchianti forze da caccia, si prodigava in una lotta impari con straordinaria audacia e sangue freddo fino al supremo olocausto della propria vita. Fulgido esempio di valore personale e di spirito di sacrificio.

«Cielo di Villa Major, 26 agosto 1937-XV».

Magnifica figura di ardito dell'aria era Enrico Schievano: aveva abbattuto quattro apparecchi nemici, quando su Villamayor nell'eseguire, con la formazione di Larsimont, un servizio di scorta diretta si trovò a combattere solo contro quattro avversari mentre gli altri cinque compagni dell'«Asso di bastoni» sostenevano l'impari lotta contro diciotto «Curtiss». Eppure a queste disparità ci si era abituato duramente in lunghi mesi di movimentatissima vita spagnola. Quel giorno la valorosa 20ª squadriglia da caccia fu molto provata. Oltre alla dolorosa perdita di Enrico Schievano, anche Caselli era caduto in territorio nemico ed era fatto prigioniero e Larsimont fu costretto ad atterrare fuori campo perché il motore gli si era fermato.

Il 23° gruppo, quel giorno, fu provato anche dalla momentanea perdita di uno dei suoi migliori, il capitano Degli Incerti che, dopo avere abbattuto un «Curtiss», fu ferito a sua volta.

La rivincita il gruppo «Asso di bastoni» se la prese però il giorno dopo. In un combattimento svoltosi tutto sul territorio nemico ben cinque «Curtiss» furono abbattuti e in un altro,

avvenuto poco dopo, tre «Aero 101» furono distrutti.
Ma i prodigi dell'Aviazione Legionaria nel settore aragonese continuarono a ripetersi. Questa balda, efficientissima forza armata fu veramente di ausilio prezioso alle truppe terrestri per stroncare sul nascere la grandiosa offensiva rossa; e l'ausilio si espresse sotto diverse forme. Chi non ricorda che l'eroico presidio nazionalista di Belchite, completamente accerchiato dalle truppe comuniste, fu rifornito di viveri e mezzi bellici dalla non meno eroica Aviazione Legionaria?
Belchite resisteva e gli stessi comunicati di Valencia erano costretti ad ammettere di non poterla spuntare. Ma a Belchite avevano fame e abbisognavano di munizioni: l'Aviazione Legionaria, sempre pronta in ogni circostanza, si assunse il compito di portare pane e cartucce agli assediati. Si rinnovarono così le gesta compiute dall'Aviazione Italiana in Africa orientale, allorché le colonne avanzanti nell'interno etiopico furono rifornite dalla via del cielo.
«Un qualche cosa di eroico e di commovente — diceva un pilota legionario che aveva partecipato al rifornimento. — Sulla piazza di Belchite erano stese delle lenzuola ed altre se ne vedevano su un prato nella immediata periferia dell'abitato. Dall'alto vedevamo le trincee, i muretti, i camminamenti; vedevamo le vedette e naturalmente vedevamo i rossi. Essi si stavano ammassando per buttarsi ancora una volta contro il paese. Abbiamo cominciato a lasciar cadere i sacchi: due, tre alla volta, sicché alcuni quintali di pane e molte migliaia di cartucce sono andati ad allinearsi nella piazza. Ordine perfetto in Belchite. Quando il rifornimento è finito, abbiamo veduto sbucare squadre di uomini che si sono caricati sulle spalle i sacchi e li hanno portati in una grande casa laterale. Sicuramente avevano fame, ma nessuno ha messo mano ad un sacco per addentare un pezzo di pane. La bandiera che ondeggiava sul campanile si è abbassata tre volte, salutandoci. Intorno a Belchite i rossi già partivano all'attacco».
L'episodio è rimarchevole; si è ripetuto per giornate e giornate, e così è avvenuto perché l'Aviazione Legionaria aveva il dominio del cielo. Chi avrebbe potuto ostacolare l'effettuarsi del rifornimento, quando nel cielo vigilavano alti, in ampie crociere, i gruppi dei cacciatori legionari? Ormai l'aviazione avversaria osava raramente avventurarsi sulla linea di combattimento, timorosa com'era dei magnifici «Fiat» da caccia.
Ed ecco ancora un diverso impiego dell'Aviazione Legionaria in Aragona; ecco una nuova dimostrazione di quanto i cavalieri azzurri si siano resi utili per provocare l'insuccesso dell'offensiva marxista. È un episodio, questo, che è stato reso noto dalla stampa francese; vi si deve credere ciecamente.
È il giorno 27 agosto. Siamo nel settore di Zuera e di Quinto, dove cioè è andata sviluppandosi l'offensiva per Saragozza. Una formazione di circa 3000 uomini, rossa, s'infiltra in una zona di sutura delle linee nazionali, ove non sono molte forze a contrastare, e riesce a penetrare per alcuni chilometri entro le linee dei nazionali. Si pronuncia un pericolo di aggiramento per talune posizioni sulle quali resistono i nazionali, perché i rossi continuano ad avanzare in una stretta vallata. E' l'Aviazione Legionaria che pensa a stroncarlo e a ristabilire la situazione non senza aver dato un duro colpo alla colonna. Giungono infatti sulla vallata diversi apparecchi legionari da bombardamento, una trentina, fiancheggiati da due squadriglie da caccia, e, volando a bassa quota, tagliano la ritirata ai rossi bombardandoli alle spalle con precisione e continuità. La colonna nemica cerca di occultarsi, smembrandosi; poi, quando la pioggia di bombe sembra finita, inizia la ritirata per salvarsi al di là dello sbarramento di bombe. E' in questo momento che entrano in azione gli apparecchi da caccia, che fino ad allora si erano mantenuti alti nel cielo per sorvegliare. I «Fiat» piombano fulminei nella valle, sorprendono la colonna, la mitragliano con rabbiose raffiche, la frantumano e costringono i resti a ritornare al punto di partenza lasciando oltre 400 morti sul terreno. È un vero disastro. Ogni velleità combattiva è tolta agli uomini della colonna che sono provatissimi. L'Aviazione Legionaria, in poco tempo e da sola, ha fermato i rossi e li ha battuti, permettendo alle truppe nazionali

terrestri di accorrere per infittire la linea di resistenza. I rossi non passeranno più.
Di questi episodi, sempre differenti l'uno dall'altro, è ricca la cronistoria che registra le fasi dell'offensiva comunista in Aragona. Ricordarli tutti è impossibile.
E tuttavia vale la pena di documentare ancora, attraverso gli esempi del sacrificio supremo, quanto carica di gloria purissima sia stata la guerra nel cielo di Spagna da parte dei legionari di Roma. I nomi di Manfredi Appiani, Sebastiano Bacchini ed Ezio Maccani, caduti sul finire dell'estate ed all'inizio dell'autunno 1937, stanno lì ad indicare come gli eroismi sublimi si siano succeduti senza soluzione di continuità. Tre nomi, tre aquile d'oro, alla memoria delle quali fu concessa la massima ricompensa militare.
Anche sul fronte aragonese l'Aviazione Legionaria ha compiuto cose miracolose, ogni giorno. Prontissima, è subito intervenuta con le sue squadriglie di cacciatori e di bombardieri; ha fermato la baldanza iniziale delle forze aeree avversarie, concentratesi per l'occasione in quella zona, ha conquistato in men che non si dica il dominio del cielo, ha contribuito ad arrestare l'offensiva rossa bombardando le retrovie e mitragliando i rincalzi, ha soccorso i presidi isolati rifornendoli con continuità, ha spianato la via alle truppe nazionali passate tosto alla controffensiva. È stato un lavoro massacrante, senza riposo, ma redditizio per la causa della Spagna civile. Nessun tipo di apparecchio nemico ha potuto prevalere contro quelli dell'Aviazione Legionaria; ed in questo occorre ancora una volta riconoscere che la vera vittoria è spettata ai formidabili, temutissimi «Fiat CR. 32». Né «Curtiss» né «G. B.», ne «Boeing», riclassificati con nomi nuovi, hanno avuto, nemmeno sui cieli aragonesi, la meglio contro i cacciatori legionari, montati sugli splendidi, manovrabilissimi «Fiat». Egualmente né i «Martin Bomber», pur tanto decantati, sui quali i rossi riponevano illimitata fiducia, né tutti gli altri numerosi tipi di apparecchi hanno mai prevalso nell'azione da bombardamento. La vigile Aviazione Legionaria li ha subito tolti di mezzo o fugandoli o precipitandoli al suolo.
Presso Saragozza, un «Martin Bomber», fabbricato in Russia, avventuratosi entro le linee dei nazionali per lanciare manifestini di propaganda, fu costretto a scendere a terra colpito da un caccia legionario. Gli aviatori, non certo spagnoli, furono catturati e rivelarono molte cose sui sistemi in uso presso l'aviazione rossa. Essi, tra l'altro, confermarono che il maggior pericolo per l'aviazione comunista era rappresentato dai «Fiat»; dissero anche che era stato loro raccomandato di non accettare il combattimento contro questi temibilissimi apparecchi. Effettivamente i cacciatori legionari si erano fatta una grande fama in Spagna; anzi, l'eco delle meravigliose gesta aveva già varcato i confini della penisola iberica, e si era diffusa, come leggenda, in tutto il mondo aeronautico.
Proprio in quei giorni, infatti, i cacciatori legionari avevano conseguito brillantissime vittorie. Una di queste, strepitosa, l'ottennero il 28 agosto, sul fronte di Saragozza e precisamente sopra la Sierra di Alcubierre. Si trovavano in volo, in crociera d'interdizione, due squadriglie del gruppo «Cucaracha»; una ventina di apparecchi in tutto. Poco prima di mezzogiorno ai piloti legionari appaiono in lontananza, più bassi, numerosi caccia rossi: sono «Curtiss» e «Rata», almeno trentacinque. Anche se la sproporzione è sensibilissima i legionari di Casero — questo valentissimo comandante aveva già partecipato ad una mezza dozzina di combattimenti abbattendo tre aerei rossi ed aveva svolto un'attività di voli di guerra, per poco meno di trecento ore — non indugiarono ad attaccare. Come fulmini si avventano sui rossi, tutti raggruppati. Si accende subito la mischia, che si frantuma in tanti duelli e si allarga. È una giostra indescrivibile, velocissima, fatta tutta di slancio. Casero mitraglia un «Curtiss», Brambilla tre e ne butta giù uno in vite, poi va a mitragliare un «Rata» ma senza effetto; Alessandrini, abbatte un «Rata» e sgrana il rosario delle sue mitragliatrici contro un «Curtiss»; Monti mitraglia tre di questi apparecchi e ne incendia uno; Banchero, Baschirotto, Bobba, Panizzuti, Ascarini mitragliano a loro volta uno o due avversari, ma ad essi la gioia del successo non è riserbata; viceversa Bolesani abbatte un «Curtiss», un altro lo butta giù Salvi e un terzo è abbattuto da Galadini. A loro volta Mezzetti e Giannotti abbattono ciascuno un «Rata». In totale ben sette caccia avversari sono abbattuti dai legionari. Purtroppo anche ai

nostri accadono incidenti; Per la ristrettezza della zona in cui inizialmente si è svolto il combattimento e per la scarsa visibilità Mariotti e Costantini si urtano; gli apparecchi si sfasciano ma i piloti possono salvarsi gettandosi col paracadute. Cappellini cozza contro un «Curtiss» e con esso precipita.

Il giorno seguente si hanno nuove prove della valentìa dei cacciatori. Questa volta è di scena l'«Asso di bastoni» con diciotto apparecchi ripartiti in quattro pattuglie. Cipolla avvista tre «Martin Bomber» che navigano, più sotto, verso Saragozza e avverte i camerati lanciandosi sull'obiettivo. Tutti i «CR. 32» possono sparare a lungo sui bombardieri rossi che subito invertono la rotta. Due di essi lasciano dietro a sé la caratteristica scia di fumo nero che prelude all'incendio e alla caduta. Il terzo riesce a dileguarsi. La formazione legionaria desiste dall'inseguimento, poiché ormai è troppo dentro il territorio nemico, e si riordina dirigendo verso Fuentes de Ebro. Verso Farlete navigano, un po' più basse, due squadriglie di caccia rosse. Sono «Curtiss» e «Rata», distanziati tra loro. I legionari, comandati da Zotti, si avventano sulla squadriglia dei «Curtiss», che è la più vicina e la scompaginano. Due delle quattro pattuglie, nella foga dell'attacco, vengono a trovarsi a contatto coi «Rata» e con essi impegnano la lotta. In quota stanno, vigili, le altre due pattuglie, che alcuni «Rata» hanno cercato di salire, fedeli alla loro tattica, per guadagnare la migliore posizione. Cosicché questi, come i «Curtiss» ormai tagliati fuori del combattimento, non possono essere che spettatori di una dura sconfitta. Quattro «Rata» e un «Curtiss», infatti cadono sotto il mitragliamento legionario.

Per un po' di tempo l'attività aerea sosta: i rossi, scottati da tante lezioni, non si fanno vivi. Ai cacciatori legionari manca il lavoro contro il nemico, non certo quello di scorta diretta e indiretta ai bombardieri italiani e tedeschi, le cui azioni, del resto, sono indisturbate.

Solo in ottobre si ha una ripresa. Il giorno 12 avviane una vera e propria battaglia: una delle maggiori di tutta la guerra aerea di Spagna, una delle più gloriose per l'ala legionaria.

Anche questa volta è di scena il 23° gruppo di caccia su due scaglioni, ripartito il primo in tre formazioni ed il secondo in due. Le cinque formazioni sono comandate da Zotti — che comanda tutto il gruppo —, Larsimont, Degli Incerti, Nobili e Cipolla. Zona del combattimento è il cielo di Villafranca de Ebro e di Fuentes, dove già non poche lotte tra nazionali e rossi si sono succedute.

I legionari stanno effettuando la missione di crociera loro assegnata quando avvistano prima una formazione di nove «Rata» e poi una di quindici «Curtiss». Sono superiori in numero quindi è superfluo impegnarsi tutti ed infatti a vigilare in alto contro le possibili sorprese rimarrà, ordinatissima e accorta, la pattuglia di Cipolla. Si impegnerà anch'essa più tardi quando c'è la sicurezza che non vi saranno altri interventi rossi, e anch'essa otterrà le sue vittorie.

La lotta si accende subito violenta e dura a lungo. I rossi si rivelano eccellenti manovrieri e di grande audacia. Ma i nostri li superano in bravura. L'intervento delle formazioni legionarie avviene tempestivamente e con cronometrica precisione. «Curtiss» e «Rata» sono presi sotto il fuoco dei «Fiat» e non riescono a svincolarsi. Prolungano la loro esistenza, ma alla fine devono cedere. Ben dieci apparecchi rossi vengono abbattuti e di altri nove, visibilmente colpiti, non si può avere la sicurezza matematica che la lotta si è andata via via spostando nel territorio nemico e ampliando nel cielo. Risultano abbattitori individuali o collettivi; Mottet, Del Prete, Larsimont, Penna, Felici, Degli Incerti, Tommaselli, Lucchini, Nobili, Cannello, Denis, Zuffi, Trevisan e Tassinari. Furono colpiti dagli avversari Nobili, Bozzolari e Marcovich, ma nessuno fu costretto ad atterrare. Vittoria piena, dunque; vittoria che per lungo tempo rimase come un incubo nell'aviazione rossa.

Per non essere da meno degli altri il VI gruppo da caccia, trasferitosi ad Alfaman dalla zona di Santander, registra in quesiti giorni bellissime vittorie; così il 1° settembre si copre di gloria impegnandosi contro due formazioni di «Curtiss» e di «Rata» mentre è in servizio di scorta al bombardamento nella zona di Belchite. Nel breve scontro i cacciatori di Leotta fanno precipitare due «Rata» e un «Curtiss» e ne costringono altri due ad atterrare. Quasi tutti i piloti del gruppo concorrono ad ottenere il magnifico risultato.

L'offensiva comunista in Aragona, concepita ed attuata con grandiosità inusitata di mezzi, ebbe, al pari di quella di Brunete, esito del tutto disastroso per le forze dei governi di Valencia e di Barcellona. A determinare l'insuccesso contribuirono moltissimo, dunque, le forze aeree legionarie; lo abbiamo documentato. Del resto la probabilità di riuscita per i rossi sarebbe esistita soltanto se essi avessero conquistato il dominio dell'aria. Ciò non avvenne nemmeno momentaneamente. Ben centocinquanta apparecchi nemici, da caccia e da bombardamento, furono abbattuti nel periodo dell'offensiva: una vera flotta aerea. Ed invece dei legionari non caddero che pochissimi. Impressionante è la sproporzione delle perdite, la quale in sostanza non fa che confermare la sperequazione di valori esistente. Anche nel cielo di Aragona, come su qualsiasi altro cielo della Spagna dove si è combattuto, si è avuta la dimostrazione che i rossi, e per meglio dire i russi, non hanno saputo valutare l'avversario, fidandosi unicamente sulla «carta», che dava ad essi una posizione preminente per la preponderanza numerica e per la modernità del materiale. Ma anche la classe dei cavalieri azzurri era da considerare, e questo i comunisti non hanno fatto; la classe, poggiante graniticamente sull'incommensurabile forza derivante dallo spirito che Roma fascista promana.

Questa incomprensione ha portato i rossi al disastro.

Ogni giorno nei cieli della Spagna orientale, cioè sul fronte aragonese e sul mare Mediterraneo, l'Aviazione Legionaria ha dato magnifiche prove di efficienza e di superiorità. La cronaca ne registra continuamente. Va ricordato il durissimo combattimento sostenuto dagli «Sparvieri» — i bombardieri veloci — contro i «Rata» l'11 ottobre. Una pattuglia di tre apparecchi pilotati rispettivamente da Cupini, Dagasso e Muti, mentre si dirige per il bombardamento del ponte di Sastago, è attaccata da una intera squadriglia di 12 «Rata». I nostri rispondono immediatamente al fuoco e continuano la navigazione sul punto da colpire. Mentre raffiche di piombo sono scambiate a 4000 metri tra le due formazioni nemiche, il puntamento e lo sgancio delle bombe sono eseguiti regolarmente. Dopo, i nostri dirigono per il rientro compiendo una lenta virata a destra, mentre il combattimento continua. I cacciatori nemici non si staccano dalle code degli «S. 79». Tutti i nostri sono colpiti ma, fortunatamente senza gravi danni. A un tratto un «Rata» s'impenna, e poi si inabissa lasciandosi dietro una nera scia di fumo. Qualche altro nemico deve essere stato seriamente colpito perché la formazione dei rossi si diluisce e perde un po' del primitivo stretto contatto. Dopo 15 minuti di fuoco la nostra pattuglia ripassa il fronte e i nemici superstiti invertono la rotta.

Dei legionari il più duramente colpito è il velivolo di Muti. La benzina gronda dai serbatoi sforacchiati, una ruota del carrello è stata sgonfiata, la stazione radio è crivellata e fuori uso. Il velivolo atterra dolcemente malgrado la grande avaria al carrello. Tutto l'equipaggio è miracolosamente incolume. Si esaminano i fori; tra l'altro si riscontra che una pallottola è passata tra i due piloti, sfiorandoli a pochi centimetri dalle teste.

È necessario ricordare un poco qualcuna delle più belle figure dell'Aviazione Legionaria, qualcuno di quegli intrepidi piloti ai quali più si deve l'affermazione dell'ala d'Italia nei cieli spagnoli. Tra essi va posto in prima linea l'eroico capitano Ernesto Botto, che per un anno ha combattuto imbattibile guadagnandosi la medaglia di oro al valore militare e, al suo ritorno in Italia, l'ambito, affettuoso abbraccio del Duce. Di lui e della sua epica gesta ha fatto la narrazione completa, senza peraltro nulla aggiungere d'irreale, Mario Massai. Ne togliamo lo squarcio che riferisce l'episodio che lo ha immortalato.

«Il 12 ottobre 1937, alle 7,30 la 31^a e la 32^a squadriglia del gruppo, su 18 apparecchi, — la 3^a squadriglia è col comandante Leonello nell'Andalusia, — partono per una crociera di due ore sulle linee dell'Ebro, fulcro la zona Saragozza-Zuera. Nelle Asturie, l'Armata del Nord sta vincendo le ultime resistenze rosse e il Comando barcellonese, nella vana speranza di salvare Gijon, tenta un diversivo in Aragona attaccando in forza a cavaliere dell'Ebro. In questi periodi l'aviazione sovietica è particolarmente attiva, benché ormai le sue ambizioni si limitino alle linee o alle immediate retrovie nazionali.

Comandante la formazione legionaria è il capitano Borgogno, della 31^a il più anziano. Sono quattro pattuglie, una di cinque e una di quattro, con a capo Borgogno, e il tenente Neri, un'altra di cinque e un'altra di quattro, un po' più alte e leggermente scaglionate indietro, agli ordini diretti del capitano Botto e del tenente Molinari.

Alle 7,55 Borgogno, che è a 3.500 metri, scorge verso Fuentes de Ebro formazioni incrocianti il fiume; batte le ali per avvertire le pattuglie, inverte la rotta lentamente e prende quota per osservare bene il nemico, attirarlo possibilmente in territorio nazionale e attaccarlo infine nelle migliori condizioni. Sono più di 40 fra «Rata» e «Curtiss», come sempre questi più bassi e i primi più alti e stanno scortando nove «Martin Bomber».

La superiorità numerica del nemico non impressiona i legionari italiani, i quali sanno quanto conti il loro stile di combattimento e quanto valga il «Fiat» se sfruttato in quelle che sono le sue caratteristiche basilari: armamento potente, robustezza insuperabile.

Ma il diavolo ci mette la coda. Un gregario della seconda pattuglia, un sergente al suo primo combattimento, non sa frenare il suo impeto generoso, dimentica il fondamento del cacciatore italiano, cioè disciplina ferrea di volo e cieca ubbidienza al capo-formazione, e si butta contro gli apparecchi sovietici che ha visto alla sua stessa quota: i «Curtiss» a scorta diretta dei bombardieri. Questi ultimi virano secco e se ne vanno a tutto motore. I «Curtiss», sono una ventina, volgono come vipere sull'italiano.

Gli altri tre «Fiat» della seconda pattuglia volano in aiuto del compagno; Borgogno, in preda a freddo furore, si butta anch'esso con i suoi. Sono le 8 e nel cielo di Mediana, su territorio rosso, si accende il combattimento fra i 9 «Fiat» e 20 «Curtiss». Ma non è lo svantaggio numerico che conta; è l'impostazione della lotta che è disastrosa. Borgogno sa infine che, mille metri più in alto, c'è lo squadrone dei «Rata», pronto a piombare sulla preda. Si avventa lo stesso. Ormai non c'è altro da fare.

Due virate acrobatiche. Scarica prolungata. Un «Curtiss» va giù come un sasso, nella scia nera dell'incendio. Ma due «Fiat» s'investono a 350 chilometri all'ora; uno va giù addirittura senza ali e con la fusoliera spezzata. Il fiore bianco d'un paracadute sboccia, ma sotto ci sono le truppe rosse. I legionari, 7 contro 19, si battono leoninamente, da quei soldati formidabili che sono. Due di essi cadono, ma tre altri biplani rossi vanno giù in rogo. I «Curtiss» non reggono alle cariche decise delle pattuglie italiane e si disperdono e, a tutta manetta, scompaiono verso Bujaraloz o Candasnos. Le perdite sono pari. E' la prima volta che ciò avviene, e Borgogno si morde a sangue le labbra. Tutto ciò si è svolto in pochi secondi.

E Botto? Il capitano della 32ª aveva visto benissimo lo squadrone dei «Rata» e compresa la gravità della situazione. Con le sue due pattuglie aveva puntato verso l'alto, verso i monoplani rapidissimi, tozzi, dalla sagoma ripulsiva e impennatissimi. I «Fiat» di Botto sgranavano già scariche di mitragliatrice per impegnare il nemico, per impedirgli di piombare in basso, sulla 31^a, già duramente impegnata. Anche lassù a 4500 metri nove legionari contro una ventina di russi, fulminei questi più degli altri, avvantaggiati anch'essi di quota, sicuri stavolta d'impartire una severa lezione agli Italiani, ai vincitori di sempre. Ma Botto manovra sagace, stringe la formazione, s'inoltra ancor più in territorio nemico pur di perdere lo svantaggio del sole negli occhi, basso com'è a quell'ora.

Il nemico è attratto. Non pensa più a quanto può accadere mille metri più sotto. A noi, ora. La 32ª attacca a fondo, superba di decisione, di compattezza, di ardimento. Il «Fiat» di Botto e il «Rata» dell'uomo di punta sovietico si sparano di punta venendosi incontro alla velocità sommata di 750 chilometri l'ora; il russo s'impenna lievemente, l'italiano fa una rovesciata acrobatica, gli è a tergo, gli mette una scarica precisa nel serbatoio, lo vede precipitare in fiamme.

Sarabanda vertiginosa, giochi complicati e mortali di macchine che si sfiorano volteggiando, che lanciano, gracchiando, rivoli di piombo e di fosforo. Un altro «Rata» cade a foglia morta prima di rovesciarsi sul dorso; un altro ancora arde. Botto ha vinto.

Ecco la 31^a che sale, fuggiti i «Curtiss» a rincalzare i compagni. Lotta accanita feroce. Un legionario della 32^a va a picco, mentre la sua anima ascende nell'azzurro? ma altri otto «Rata» sono abbattuti in pochi istanti. Non è più la parità. Sono quindici russi abbattuti contro 5 italiani.

Ultima mischia. Ernesto Botto sente un'esplosione nel pozzetto di pilotaggio. Un decimo di secondo più tardi egli è in vite, a pieno motore. Spasimo lancinante. Ma dove? Il pilota, grande pilota, ha la volontà tesa nella manovra. Chiude la manetta del gas, tenta uscire dalla vite e non ci riesce. E, venendo giù velocissimo, ha la freddezza di tentare la ricostruzione dell'accaduto. Non vede più la sua gamba destra tesa sulla pedaliera. Una palla esplosiva lo ha colto nel femore, di sotto, gli ha frantumato l'arto, tanto che ora il piede è sul seggiolino appoggiato all'anca addirittura.

Il «Fiat» è a mille metri e continua a rotare sul suo asse scendendo a 300 km. all'ora. Botto non potendo spingere il pedale destro tira a se il sinistro facendo forza sulla correggiola che gli aviatori usano per non perdere il controllo. Timone al centro, il caccia non mulina più; il pilota richiama dolcemente. Eccolo in linea di volo, sulla sinistra dell'Ebro, mentre i mitraglieri rossi e i cannoncini da 20 millimetri gli sparano addosso. Il sangue esce a fiotti dalla ferita orrenda.

Botto è calmo, lucidissimo, col suo cuore grande, con la sua volontà di ferro. Le forze se ne vanno, ma lo spirito è indomito. Il «Fiat» guizza, taglia l'Ebro; il pilota evita di entrare in territorio nazionale dalla zona di Belchite per sfuggire al fuoco delle batterie tedesche da 88 di cui sa la precisione. Botto sa di morire dissanguato, ma punta sul campo saragozzano di Sanjurjo. Morirà lì, fra i suoi compagni, ma nessuno potrà vantarsi di aver battuto il capitano della 32^a.

Ecco il campo. Scivolata d'ala, entrata perfetta come se su quel «Fiat» non ci fosse un moribondo, ma un campione in piena forma. L'apparecchio non ha freni, poiché una raffica nemica ha spezzato il comando; ha la ruota di coda sgonfiata, bucata anch'essa da una palla. Eppure Botto atterra regolarmente.

Eccolo lì fermo in mezzo al campo, vincitore della morte, il capitano della 32^a. Corre il colonnello Cassinelli, comandante della caccia, corrono i compagni. Botto non ha più sangue ma l'occhio è vivo, la voce è ferma. Il capitano della 32ª prima di morire fa il rapporto verbale del combattimento al suo colonnello.

Ernesto Botto l'hanno salvato all'ospedale chirurgico della Croce Rossa Italiana, qui in Saragozza. Lotta strenua, come lassù nell'azzurro al di là dell'Ebro. Dieci trasfusioni di sangue, sei mesi e mezzo di degenza. Ora l'eroe rimpatria, ha ripreso colore e vigoria fisica; l'animo è sempre quello».

Ernesto Botto era ed è una delle più belle figure dell'Aviazione Legionaria. In soli cinque mesi aveva al suo attivo 123 voli di guerra, 8 combattimenti, due «Rata» e due «Curtiss» abbattuti individualmente; 11 «Rata» e 2 «Curtiss» abbattuti in collaborazione; 6 «Curtiss» giudicati «abbattuti probabili» in collaborazione. Al suo 124° volo di guerra doveva raggiungere le supreme vette del valore.

Il gruppo «Leonello» dipinse sulle fusoliere la nuova insegna, la gambiera di armatura medioevale in onore di Ernesto Botto, gamba di ferro.

Quello di Ernesto Botto fu un episodio unico di eroismo e di valentìa. Nel gran libro dell'Aviazione Legionaria va stampato a lettere d'oro.

Quel giorno il VI gruppo aveva sostenuto, dunque, un combattimento epico. Dieci «Rata» e quattro «Curtiss» erano stati distrutti; ma Neri, Leoncini, Boschetto, Corsi e Rigolli — puri eroi dell'arma azzurra — avevano immolato le loro giovani vite per il trionfo dell'ideale. Quel giorno il gruppo «Leonello» trovò il suo emblema fatidico nella gamba perduta dall'eroe.

Nella terza decade di novembre, dopo un lungo periodo di scarsa attività dovuta più che altro alla sosta generale nelle operazioni, l'Aviazione Legionaria da bombardamento e da caccia ha signoreggiato nei cieli d'Aragona, di Valencia e di Cartagena, gli unici cioè dove c'era movimento, perché altrove tutto era in sosta. L'aviazione nemica invece si limitò a piccole e velocissime puntate nel territorio nazionale specialmente in direzione di Saragozza, distante meno di venti chilometri dalla linea. Ogni volta che avvenivano tali scorrerie, i caccia legionari si levavano in volo e bastava il semplice intervento di essi per determinare la fuga dei bombardieri rossi, i quali finivano col buttar giù a casaccio il carico di bombe.
È in questo periodo che l'aviazione delle Baleari ha bombardato le opere militari di Valencia, ripetutamente; ed è in questa decade che le gemelle squadriglie del continente hanno portato successivamente l'attacco sulla stazione ferroviaria di Gragnan, sugli edifici militari di Caspe e sui parchi di mobilitazione di Alcañiz. Il 23 novembre l'intero gruppo dei bombardieri veloci, gli «Sparvieri», comparve sul ponte di Monson, sul rio Anca, punto nevralgico delle retrovie rosse, e vi eseguì da 4000 metri un bombardamento efficacissimo. I caccia rossi, del tipo «Mosca», modernissimi, cercarono di ostacolare il bombardamento legionario e attaccarono il gruppo degli «Sparvieri», ma ebbero la peggio, anche senza l'intervento dei cacciatori azzurri. Alla fine della battaglia aerea un «Mosca» era stato abbattuto in fiamme, crivellato dalle precise raffiche delle mitragliatrici dei bombardieri italiani.
Più ricchi di risultati furono i combattimenti aerei avvenuti nella giornata del 30 novembre. In due di essi ben sette «Rata» furono abbattuti dai caccia legionari che, appostati tra le nuvole, proteggevano dall'alto l'azione dei confratelli bombardieri. Così quando i caccia rossi tentarono di avventurarsi contro gli «S.81», ritenendoli facile preda, furono a loro volta attaccati dalle squadriglie dei cacciatori legionari che li travolsero letteralmente. Sette vittorie coronarono le due rapidissime battaglie ed andarono ad aggiungersi al già lunghissimo elenco. Nei giorni seguenti gli obiettivi militari di Barcellona e di Tarragona venivano nuovamente bombardati dagli aerei nazionali, i quali non dettero ne intendevano dar tregua al nemico.
Un'altra magnifica dimostrazione dell'ardimento e della valentìa dell'Aviazione Legionaria si ebbe il giorno 10 dicembre sul fronte aragonese, precisamente nel cielo di Sariñena. In quello stesso cielo, quel medesimo giorno doveva aver luogo una battaglia aerea senza precedenti che metteva di fronte più centinaia di apparecchi per parte; ma di essa diremo più oltre. Qui ricordiamo il combattimento in cui fu impegnato il gruppo «Gamba di ferro» contro numerosi caccia nemici e che terminò con l'abbattimento di sei «Curtiss» da parte di Molinari, Cesena, Leri, Fibbia, Bertolini, Crescione, Tenti e Benassi, e di altri quattro probabile. Mancò all'appello dei legionari, il sottotenente Barberis.

L'EROICA RESISTENZA DI TERUEL E L'OPERA DELL'ALA LEGIONARIA

Nell'estremo mezzogiorno dell'Aragona, tra i monti Universales e la sierra di Gudar, alla confluenza dell'Alsambar col Turia, è Teruel, la «città martire ed eroica». A Teruel questo appellativo spetta a buon diritto, perché la sua resistenza agli assalti dei rossi fu indomita e perché il suo sacrificio ha conosciuto le più alte vette. In Teruel si è ripetuta la gloria luminosa dell'Alcazar di Toledo e la resistenza stupenda dell'asturiana Oviedo. La città aragonese, martellata per giorni e giorni, ha resistito con strenua disperata volontà. Nei suoi dintorni, nelle sue strade, sono state scritte pagine meravigliose di eroismo dai combattenti del

«Caudillo» agli ordini di Domingo Rey, dai due o tremila uomini che hanno resistito ai cinquantamila dell'esercito rosso del levante.

Teruel eroica ha ceduto lentamente, dopo essersi difesa palmo a palmo. In essa legionari del Tercio, soldati di fanteria di linea, regulares e falangisti, cittadini armati e requetes hanno dimostrato il valore della Spagna nazionale facendo barriera contro le ondate rosse.

L'Aviazione Legionaria e nazionale si è brillantemente comportata in tutte le giornate di lotta intorno a Teruel ed entro Teruel; ha sottoposto le truppe rosse ad un tormento continuo, ad un'offesa tremenda per alleggerire quanto era possibile il compito improbo e disperato dei difensori della città eroica.

In questo lavoro improbo, allucinante, faticosissimo, i gruppi da bombardamento si sono avvicendati senza riposo, fino a compiere almeno tre volte ciascuno un attacco. In alto vigilavano impavidi i caccia, quei manovrabilissimi «CR. 32» che l'aviazione rossa temeva come la peste e più della peste. Ed allorché le squadriglie dei «Curtiss» e dei «Rata», ripetutamente chiamate dai comandi delle formazioni rosse sottoposte all'implacabile bombardamento legionario, cercarono d'intervenire portando l'offesa, i caccia legionari e nazionali le affrontarono risolutamente, le impegnarono in difficile lotta, le costrinsero a dissolversi senza aver mai potuto raggiungere l'obiettivo.

Ma quanti furono gli episodi in cui si documenta il sapiente, tempestivo e risolutivo intervento dell'Aviazione Legionaria di tutte le specialità!

Sotto qualsiasi punto di vista l'Aviazione Legionaria agiva spavaldamente conseguendo magnifiche vittorie, infliggendo nuove cocenti lezioni all'aviazione rossa, portando tutto il suo efficacissimo contributo al valoroso esercito franchista.

Le due masse imponenti, che per la prima volta si affrontarono, così numerose, dettero ognuna la misura delle proprie possibilità. La caccia nazionale, composta di squadriglie spagnole e legionarie, in gara di audacia e di valore, dominò nettamente le formazioni avversarie.

Il cielo fu, dall'irruenza aggressiva dei cacciatori di Franco, spazzato degli aerei rossi superstiti e che in fuga disperata guadagnavano i loro campi, lungamente inseguiti fin nel loro territorio.

Fu quello di Sariñena un successo grandioso, una vittoria trionfale. Nuove fulgide gemme si aggiunsero così in quel giorno al serto ineguagliabile di vittorie dei legionari dell'aria.

Altra dimostrazione ancor più netta la si ebbe il successivo giorno 10 dicembre in altro settore, cioè nel cielo aragonese ed in quello di Catalogna, allorché tutta l'Aviazione Legionaria del fronte orientale tenne l'aria con un'azione sapientemente combinata e nella quale tutto fu previsto fino ai minimi particolari. Della grande vittoria merito pieno va al generale Garda — cioè il generale Bernasconi — che quale comandante dell'Aviazione Legionaria, la più possente di tutta l'aviazione franchista, ebbe il compito di coordinare l'azione e di guidarla.

Grande fu la meraviglia del colonnello Cassinelli — comandante la caccia da quando fu costituita in uno stormo cioè dall'ottobre 1937 — quando vide arrivare sul campo di aviazione il generale Bernasconi che tranquillamente salì a bordo di un «Fiat CR. 32», preparandosi a partire con le squadriglie dei cacciatori legionari. Cassinelli fece considerare al suo superiore, che del resto era il vecchio camerata del Reparto Alta Velocità che per primo aveva voluto provare i veloci «Fiat» che facevano 500 chilometri all'ora, che era qualche anno che non volava con i caccia ma che nondimeno aveva piena fiducia... Il generale Bernasconi era perfettamente tranquillo e decollò con i suoi cacciatori avendo a fianco il vigile Cassinelli e gli altri camerati.

L'aviazione da bombardamento pesante, con i «Savoia 81» e gli «Junkers» tedeschi attaccò i campi dei bombardieri del settore di Barbastro; quella veloce con i «Savoia 79», i «Fiat B.R. 20», i «Dornier 17» e gli «Heinkel 111», si portò sui campi più lontani della zona di Lerida. Intanto i caccia dei gruppi «Gamba di ferro», «Cucaracha» e del gruppo nazionale «Salas» e la pattuglia di Garda — che aveva per gregari Cassinelli, Giachino e Lalatta — tenevano il cielo a diverse quote fra i 4 ed i 5 mila metri. Una massa possente di 200 apparecchi franchisti, in tutto, batteva e controllava il cielo tra l'Aragona e la Catalogna portando con i bombardieri l'offesa su almeno dieci campi nemici. Un centinaio di apparecchi da bombardamento ed un centinaio di biplani da caccia: era una bella flotta aerea per la guerra di Spagna! Da tutti i campi della vasta zona si levarono prontamente, come era previsto, le frazioni della caccia avversaria, con lo scopo di assalire i grossi apparecchi da bombardamento. La battaglia aerea si accese ben presto su località varie e ad altezze differenti. Primi ad entrare in azione furono i caccia nazionali di Salas. Poi, man mano che nuovi nemici si levavano, i gruppi legionari saettavano loro addosso, compatti, fulminandoli. I piloti rossi cercavano di sfuggire al combattimento, ma non sempre ciò era possibile. Data la velocità che il «Fiat» può raggiungere in picchiata; e mentre si sparpagliavano in ogni direzione, inseguiti a fondo dalle pattuglie franchiste che i comandanti spiccavano, i bombardieri comparivano sulla via del ritorno, ai bordi della giostra dei cacciatori, inseguiti a tutto motore dai «Rata» e dai «Curtiss» che s'erano levati su allarmi dai campi di là del Cinca e del Segre, senza immaginare di correre incontro ai nemici diretti, proprio coloro che non amavano trovare più nei cieli e che invece, per dare battaglia, s'erano addentrati profondamente in territorio rosso.

Ancora una volta, scena invertita; da persecutori, i monoplani e biplani russi, con rovesciate brusche, ripuntano disperatamente sui campi arretrati. Il generale Garda, lassù sul suo velocissimo osservatorio seguiva le fasi dell'azione che egli aveva matematicamente previste. Vide anche sfilargli a breve distanza, bellissimi, a più di 400 chilometri l'ora, i «Fiat BR.20» delle «Cicogne» inseguiti da una squadriglia di «Rata» a un migliaio di metri. I piloti rossi non immaginavano che quella pattuglietta di quattro apparecchi da caccia aveva come uomo di punta il comandante l'Aviazione Legionaria e come primo gregario il colonnello Cassinelli, comandante dei cacciatori: tentarono una puntata, mitragliando, ma, nonostante la superiorità numerica, si sottrassero immediatamente al combattimento quando videro la decisione degli avversari e ne sentirono la crepitante risposta.

I bombardieri rientrarono, le formazioni da caccia si riformarono impeccabili, come se avessero dovuto sfilare in parata. Quindici, tra «Rata» e «Curtiss», precipitarono in fiamme sotto i loro colpi, e almeno venti furono mitragliati a dovere e certo non poterono riprendere subito il volo, se pur tutti riuscirono a prendere terreno abbastanza regolarmente.

Il generale Bernasconi aveva anche lui, d'accordo con Cassinelli, sistemato i suoi avversari, e le formazioni, ricompostesi perfettamente, ritornavano verso i campi battendo le ali in segno di giubilo e piroettando allegramente.

Gli apparecchi atterravano a squadriglie, leggeri e perfetti e soltanto uno non fece l'atterraggio misurato con la formazione. Era proprio l'apparecchio del Comandante l'Aviazione Legionaria il quale per tutto commento al suo epico volo disse: «Già... mi pare di essere arrivato un po' lungo» e fu allora che il generale Cassinelli elogiò il suo Comandante ritornato cacciatore e lo condannò a bere per brindare al trionfo ottenuto dai cacciatori legionari.

Il colpo fu accusato dai rossi. Due volte, nei giorni successivi, si ripeté l'incursione in grande stile dei bombardieri. Sui campi si scorsero soltanto i relitti anneriti dei bimotori sovietici, che tutte le unità da bombardamento, provate dal primo attacco massiccio, si rifugiarono d'urgenza in altri e più lontani aeroporti, verso la costa. Di cacciatori, nemmeno l'ombra. Il logoro della caccia sovietica proseguì, così, sotto i colpi implacabili dei cacciatori ed intanto i bombardieri ripeterono imprese leggendarie.

Il giorno di Natale gli «Sparvieri», dopo un lungo periodo dedicato ad azioni in campo strategico, riprendono il loro lavoro sul campo di battaglia nelle cosidette «azioni tattiche». L'offensiva di Teruel è in corso e le orde comuniste, superando la tenace resistenza dell'esiguo velo di copertura, sono riuscite a circondare la città. Anche il tempo, fino a quel giorno, è stato loro alleato. Venti e nebbie hanno impedito l'intervento della aviazione nazionale mentre quella rossa proveniente dal fondo valle del Turia ha potuto agire indisturbata. Quella battaglia, bisogna riconoscerlo, è stata concepita e attuata dai rossi con un'ottima scelta del tempo e della zona, e fu appoggiata dalle migliori risorse in uomini e materiale di cui il nemico disponeva. Ma appena il cielo si schiarì, la lotta e il suo corso cambiarono immediatamente di aspetto. Terrificanti bombardamenti si succedettero sulle prime linee e sulle retrovie dei rossi, sconvolsero i loro piani baldanzosi, distrussero le risorse della battaglia, annichilirono il morale dei soldati, illusi ed eccitati dal primo facile successo.

Gli «Sparvieri», che avevano utilizzato la forzata sosta, dovuta al maltempo, per revisionare il loro materiale, si presentarono al completo sul cielo della battaglia. Come sempre, era in testa il velivolo «28-11», quello di Cupini-Muti. Li accolse un furioso sbarramento di artiglieria che generò improvvisi estesi annuvolamenti, lampeggianti e fragorosi, intorno alle prue che procedevano inesorabili e ruggenti malgrado i violenti sobbalzi di qualche proiettile che scoppiava vicino. I piloti poterono distintamente vedere, pur da oltre quattromila metri di quota relativa, le vampe rossastre delle bocche da fuoco puntate su di loro.

Un paesino in cui erano concentrati i rincalzi rossi fu il primo obiettivo. Scomparve sotto lividi lampi e colonne di fumo. Gli aerei passarono tra lo sbarramento di artiglieria, mentre qualche mitragliere sgranava le sue raffiche sulle varie batterie. Ma ci voleva altro. Qualche velivolo fu colpito, qualche scheggia da cui si riconosceva l'origine francese rimase a bordo e fu accuratamente conservata come significativo ricordo.

E così per giorni e giorni, anche due o tre volte al giorno, gli «Sparvieri» spadroneggiavano nel cielo nemico, malgrado la reazione contraerea, la difficile navigazione tra le nubi e le precipitazioni, il freddo intensissimo dell'inverno eccezionalmente rigido. Si incontravano spesso, in quota, temperature di 30 gradi sotto zero e qualche volta il termometro scendeva anche a $45°$.

La battaglia di Teruel è stata lunga e dura, prima per arrestare il progresso del nemico, poi per ricacciarlo oltre le posizioni di partenza. Nelle soste della battaglia, mentre l'intervento dell'aviazione non era necessario, gli «Sparvieri» furono lanciati nelle retrovie del nemico, onde scardinare e sconvolgere il suo dispositivo logistico e contrastare l'attuazione di disegni offensivi. Così la stazione di Cuenca, capolinea di una importante ferrovia, fu incendiata e distrutta. Così certi concentramenti di truppe prossimi alla Puebla di Valverde furono battuti. In questa ultima azione si ripeté l'episodio dell'11 ottobre a Sastago. Gli «Sparvieri» vennero attaccati prima di mollare le bombe da numerosi «Rata». Il tiro fu eseguito egualmente, precisissimo, mentre l'imperturbabile navigazione era ritmata dalle raffiche di mitraglia. Un caccia «rosso» fu abbattuto.

I nostri rientrarono tutti in territorio nazionale dopo aver superato ancora il violentissimo sbarramento di artiglieria.

In questo combattimento si verificò un fatto curioso: i cacciatori rossi che puntavano i bombardieri legionari continuavano a sparare anche quando erano costretti a virare per non sorpassare l'avversario. Magnifiche e prolungate sventagliate di traccianti rigavano il cielo grigio. Il motivo? Certamente più di origine spirituale che non materiale, poiché doveva essere già diffusa la conoscenza dell'ottima capacità difensiva degli «S. 79».

La vittoria nazionale cominciava intanto a delinearsi a terra. Invano i cinque corpi d'esercito rossi, cui inizialmente era arriso qualche successo territoriale, si erano lanciati, forti di 100.000 uomini contro il baluardo di Teruel. L'affermazione dei rossi fu di brevissima durata e non ripagò le enormi perdite subite. Quando Davila passò con la sua armata all'offensiva, l'esercito rosso non poté sottrarsi alla dura sconfitta e fu inappellabilmente battuto.

Nel susseguirsi di scontri aerei, la cui durata non ha mai sorpassato i pochi minuti, il giorno 28 dicembre ben sette apparecchi delle squadriglie da caccia marxiste furono abbattuti dal preciso e veemente tiro delle mitragliatrici dei «Fiat». Quattro «Curtiss» e tre «Rata» furono le perdite in un solo giorno dell'aviazione del Governo di Valencia nel cielo di Teruel.

Se nelle giornate della superba resistenza il contributo dell'aviazione fu preziosissimo, tanto che valse ad allentare la terribile stretta, non meno efficace esso si dimostrò allorché i nazionali passarono alla controffensiva con la quale Teruel doveva essere completamente e definitivamente liberata.

Agendo a masse compatte, l'aviazione ha funzionato da artiglieria a lunga gittata, sottoponendo tutta la zona arretrata dello schieramento rosso ad una tempesta di bombe di ogni calibro.

Nella memorabile giornata del 30 dicembre, la seconda della controffensiva nazionale, dalla mattina alla sera i gruppi possenti dei «Pipistrelli», quelli veloci degli «Sparvieri» e delle «Cicogne», e la massa leggera del «Baffo», si slanciarono nel cielo della battaglia tornando ai campi di manovra per i rifornimenti, e lanciandosi immediatamente sugli obiettivi per rovesciarvi nuovi carichi di ferro e di esplosivo. Come sul «cinturone di ferro» di Bilbao, come sulla profonda crosta fortificata che copriva Puerto de Escudo, come nella sacca di Brunete, la violenza del bombardamento fu diabolica, tale da stroncare al di fuori delle perdite, certamente fortissime, il morale delle truppe dei Corpi d'esercito rossi. Le formazioni aeree legionarie furono in quella giornata meravigliose. La caccia, come sempre imbattibile, tenne il cielo con quella autorità che le veniva dalla certezza della sua forza. Dovunque ci fosse in azione un reparto aereo da bombardamento, la guardia del cielo era stretta, invalicabile. Qualche volta i cacciatori sovietici, che i Comandi rossi chiedevano ansiosamente perché le truppe venissero difese dalla tempesta di ferro e di fuoco scatenata dalle ali nazionali, hanno dovuto intervenire; e fu così che in brevi combattimenti cinque «Curtiss» e cinque «Rata» furono abbattuti in fiamme, oltre a un «Martin Bomber», che si era illuso di arrivare di sorpresa sulla strada di Saragozza.

Da segnalarsi anche l'azione brillantissima di una formazione legionaria d'assalto che, sorpreso un ammassamento di truppa del 13° Corpo rosso sotto l'Alto de las Celadas, vi lanciò sopra le sue macchine a 400 chilometri l'ora e, con uno spezzonamento implacabile e un mitragliamento prolungato, lo disciolse.

Fu l'impiego a massa dell'aviazione, oltre che il preciso e serrato martellamento dell'artiglieria, che valse ai nazionali il conseguimento della bella vittoria alla quale è rimasto il nome di liberazione di Teruel. Squadriglie e squadriglie di bombardieri legionari, leggeri e pesanti, intervennero decisamente e reiteratamente sulle linee avversarie di Las Celadas, del Pedriza e di Los Morrones determinando il terrore fra gli uomini di Valencia e di Barcellona, sconvolgendo le difese, spianando il terreno alle falangi franchiste subito dopo lanciate all'assalto. Lì fu inferto il primo tremendo colpo e di lì ebbe inizio lo sbandamento tramutatosi ben presto in rotta completa. Teruel fu liberata; il cerchio barbaro che l'attanagliava si allentò e si dissolse; la punta lancinante che vi era penetrata fu retratta.

Tre giorni di battaglia furono sufficienti a rendere alla Spagna nazionale la città martire e ad annullare quei vantaggi che con tanto sacrificio di sangue le milizie rosse avevano conseguito nella tanto strombazzata offensiva di dicembre. In quei tre giorni di offensiva, come nei precedenti della resistenza, l'Aviazione Legionaria scrisse nel cielo di Teruel pagine indimenticabili di gloria. Il dominio del cielo, come sempre, è stato il suo; le vittorie smaglianti sono state ottenute dai cavalieri azzurri non soltanto contro il nemico in cielo, ma anche contro l'esercito rosso di terra. Con furia di api gli apparecchi legionari si sono avventati contro le difese e gli ammassamenti; contro le trincee e le formazioni, sui magazzini e sui punti di transito, bombardando, spezzonando, mitragliando.

Memorabile è la giornata del 31 dicembre, densa di gloria e di vittoria per le squadriglie legionarie i cui apparecchi roteavano alti, poi in fila piombavano l'uno dopo l'altro a pochi metri dal suolo, sfrecciavano orizzontali scaricando le mitragliatrici, e si impennavano. E quando arrivarono al soccorso dense squadriglie nemiche, si impegnò la lotta altissima, rapida. Si videro ben presto delle sciarpe di fumo nero srotolarsi verticali da sagome che piombavano inerti, dissipandosi poco dopo in fiammata: così caddero cinque «Curtiss», due «Rata», un «Martin Bomber»; senza che nessuna perdita offuscasse la meravigliosa vittoria legionaria. Eppure il tempo non era davvero propizio all'azione aerea: neve, freddo intensissimo, e mulinare di tormenta nel cielo plumbeo erano altrettante proibizioni al volo. Nei pochi momenti di schiarita gli aviatori legionari, però, seppero compiere azioni leggendarie e che oggi si ricordano non senza meraviglia.

Soltanto il giorno 2 gennaio, migliorate le condizioni atmosferiche, l'offensiva nazionale poté essere ripresa. In quello stesso giorno l'Aviazione Legionaria e nazionale tornò a battere le vie del cielo, sempre dominatrice assoluta. Impressionante fu il suo lavoro di offesa: tutt'intorno a Teruel, ove unità rosse erano segnalate, il suo intervento fu immediato e deciso. L'esercito di Valencia fu sottoposto, in tutto il settore, ad un bombardamento continuo e fiaccante. In quella sola giornata circa 150.000 chilogrammi di metallo e di esplosivo furono lanciati sul nemico dagli apparecchi legionari che fecero miracoli. Caratteristico fu l'episodio avvenuto nella zona di Perales, dove, segnalati movimenti di truppe rosse, il gruppo misto legionario delle «Cicogne» lanciò immediatamente le sue fulminee e potenti formazioni d'assalto che, sorpresa in pieno una forte colonna autocarrata in marcia, l'attaccò più volte a volo radente, coprendola di spezzoni e innaffiandola di piombo. La brillante azione disorganizzò completamente la colonna, che sulla strada lasciò numerose macchine, dopo aver subito perdite assai gravi.

Ma egualmente proficui furono i bombardamenti effettuatisi presso Villastar e sulle strade vicine come anche quelli compiuti sui concentramenti di Escorihuela, che si trovano a 25 chilometri a nord della confluenza dell'Alfambra con l'Esriche.

Il giorno seguente l'azione delle squadriglie legionarie da caccia e da bombardamento non fu meno densa di concreti risultati nonostante le condizioni atmosferiche nuovamente avverse.

I bombardieri tentarono più volte temerariamente, buttandosi nei vapori fino a poche centinaia di metri dalle quote del settore di Teruel, di tenere il nemico sotto il tormento dei suoi massicci lanci di esplosivo e di acciaio. Ma soltanto verso il tramonto, quando il cielo si aperse leggermente sopra la zona di Villastar, tutte le squadriglie degli «Sparvieri», in blocco serrato, riuscirono ad identificare gli obiettivi loro assegnati e eseguirono un terrificante bombardamento su alcuni elementi di unità del 18° e del 19° Corpo. A loro volta i cacciatori cercarono di aggiungere nuovi lauri al già ricchissimo serto di vittorie lanciandosi nel cielo in un momento di schiarita. Poco prima del tramonto l'aviazione sovietica, persuasa di non trovare nei cieli ali avversarie e perciò incoraggiata finalmente ad agire, tentò una sorpresa contro i reparti del generale Aranda, nella zona dell'Alto de Las Celandas, lanciandovi sopra una squadriglia di macchine non modernissime ma ben attrezzate per gli attacchi al suolo, i famosi «Pappagalli», scortata da due grosse formazioni di «Curtiss» e «Rata». Ma appunto a quell'ora si erano levati per una crociera i due gruppi legionari dell'«Asso di bastoni» e della «Cucaracha»; qualche cosa come una sessantina di apparecchi da caccia montati dai leggendari piloti italiani del Tercio. I «Pappagalli» non avevano ancora bene identificato i loro bersagli che già una parte della caccia legionaria piombava su di essi a picco, mitragliando inesorabilmente e abbattendone quattro. Gli altri, radendo il terreno e infilandosi nelle vallette, poterono miracolosamente scapolarla. Il grosso dei due gruppi legionari si era però lanciato contro la caccia sovietica scaglionata a diverse altezze e che si era ben guardata dall'intervenire in difesa della squadriglia di attacco al suolo. Il combattimento fu brevissimo, che i rossi cercarono subito di disimpegnarsi e volgere a tutta velocità verso i campi del settore sud Ebro. Ma nel breve contatto i legionari dell'«Asso di bastoni» e della «Cucaracha» abbatterono in fiamme tre «Rata» e due «Curtiss», conseguendo così quella vittoria alla quale quotidianamente anelavano. E così ogni giorno, quando il tempo permetteva una qualche attività, gli aviatori legionari hanno riempito il cielo di Teruel della loro rassicurante presenza volteggiando a piacimento come aquile dominatrici.

L'anno novello, il 1938, iniziatosi sotto così fulgidi auspici per la Spagna nazionale che aveva ripreso tra le sue braccia Teruel martire ed eroica, si tinse ben presto dei colori vittoriosi rosso e oro sui campi di Aragona e su quelli di Catalogna che mai prima d'allora erano stati teatro della guerra civile. Le forze franchiste, decise a mettere la parola fine sul libro della cruenta lotta, passarono nel mese di marzo all'offensiva generale sul fronte orientale iniziandola sulla linea dell'Alfambra. Ma già prima d'allora l'attività dell'Aviazione Legionaria e nazionale si dimostrò intensissima quasi a preludere la poderosa e vittoriosa azione terrestre.

Anche quando, per i rigori invernali, le operazioni sostarono a terra, le squadriglie legionarie da ricognizione, da caccia e da bombardamento saettarono dominanti per i cieli di Spagna ponendo già d'allora un'ipoteca sulle immancabili vittorie dei giorni e dei mesi seguenti.

Fu dell'Aviazione Legionaria il dominio del cielo e fu dell'Aviazione Legionaria il controllo del suolo. Nessun movimento di qualche importanza avvenne sulle linee, oltre le linee, nelle retrovie, alle frontiere ed in mare da parte dei bolscevichi senza che la Spagna nazionale, tempestivamente informata dall'osservazione aerea, ne fosse a conoscenza. Ed allorché questi movimenti assumevano un certo valore, quando cioè avevano un preciso significato nel quadro generale della guerra, allora l'osservazione si mutò in deciso e proficuo intervento, che squadriglie e stormi legionari non erano stati costituiti per rimanere in riposo.

Come sempre, i piloti dell'Aviazione Legionaria compirono gesta inimitabili di ardimento e di sublime eroismo. Per tutti vale il ricordo dell'episodio — che è di questo periodo — del sottotenente Andreani, che, dopo un violento combattimento risolto con una brillante vittoria dell'ala fascista, impegnatosi da solo in un lungo inseguimento di apparecchi avversari in fuga, noncurante del pericolo, si addentrava in territorio nemico finché veniva sorpreso da altre forze e nella lotta impari cadeva da prode, soccombendo soltanto al preponderante numero degli assalitori.

Attiva fu l'aviazione da caccia in questo inizio di anno e ad essa arrise come sempre il successo. I combattimenti sostenuti e vinti il 4 ed il 5 gennaio lo provano. Ricordiamoli.

Nel cielo di Teruel, il 4 gennaio, ventiquattro «CR. 32», del 23° gruppo, in servizio di scorta ad una squadriglia di «Junkers», vengono a trovarsi sopra nove apparecchi nemici da bombardamento leggero i così detti «Pappagalli». Una parte della formazione legionaria affonda immediatamente puntando sui rossi che, visto il pericolo, invertono la rotta girando al largo. Sfruttando la velocità di picchiata i legionari sono a contatto degli avversari per qualche tempo e li mitragliano furiosamente. In totale riescono ad abbatterne quattro, tutti in fiamme. Intanto i rimanenti «CR. 32», rimasti in quota, si azzuffano con dodici «Curtiss» e nove «Rata», in scorta indiretta ai bombardieri leggeri. Intervengono nella lotta, più tardi, anche due pattuglie del gruppo «Gamba di ferro», cosicché i legionari non hanno difficoltà a fare nuove vittime anche nella caccia avversaria ed infatti un «Curtiss» e tre «Rata» risultano abbattuti alla fine del combattimento. Dei legionari furono ripetutamente colpiti gli apparecchi di Zotti, Del Prete, Barileta e Novelli, ma i baldi piloti poterono rientrare tutti ai campi nazionali.

Il giorno seguente i «Pappagalli» ritentano l'azione. Ma su Muela di Teruel vigila sempre la caccia legionaria, instancabile. Naturalmente i rossi si vedono ben presto addosso i «CR. 32» e fanno subito conoscenza con le loro micidiali armi. Però non si scompongono: ne cadono alcuni ma gli altri si mantengono in formazione perché sanno che la caccia rossa interverrà a difenderli. Ed infatti, non appena i legionari impegnando i «Pappagalli» si addentrano in territorio nemico, ecco farsi avanti «Curtiss» e «Rata» in buon numero. Ne nasce un combattimento violento in cui le pattuglie comandate da Zotti, da Larsimont e da Nobili, alle quali si è unito anche Foschini, devono dar fondo a tutta la loro abilità. Anche questa volta la vittoria arride in pieno all'Aviazione Legionaria: sei «Pappagalli», un «Curtiss» e un «Rata» vengono abbattuti.

Attivissime, nonostante le avverse condizioni del tempo, furono nelle seguenti giornate le specialità legionarie del bombardamento e della caccia: la prima fu ripetutamente impiegata tanto con gli «S. 79», quanto con gli «S. 81» per l'offesa sulle posizioni e sui centri nemici della zona di Teruel; la seconda ebbe i suoi tre gruppi in continuo movimento per effettuare scorte ai bombardieri legionari italiani e tedeschi, come anche per svolgere crociere d'interdizione. Le missioni brillantemente portate a termine furono sempre delicatissime e difficili.

Importante fu anche la battaglia sostenuta il giorno 17 successivo dal gruppo di Leotta nella zona di Teruel, precisamente nel cielo di Villal. Trenta apparecchi del «Gamba di ferro» hanno il compito di scortare i bombardieri nella loro missione, e l'assolvono, come sempre, nel modo migliore; ma, causa le dense nubi, il gruppo non può ritornare in sede ed è costretto a scendere al campo di Bello. Da quel campo ripartono poco dopo in venti per eseguire un servizio di protezione alle truppe e di scorta al bombardamento; li seguono, a distanza di mezz'ora gli altri dieci. Ma i primi venti già sono a contatto con altrettanti «Curtiss» nel cielo di S. Eulalia. E' necessario tener sgombro il cielo e perciò si avventano contro la formazione nemica, la scompaginano, l'assottigliano facendone precipitare qualche componente e la costringono ad abbandonare il campo della lotta. Giungono i bombardieri col loro carico micidiale e filano diritti sugli obiettivi. In alto, nello stesso tempo, appaiono altri caccia nemici; sono «Curtiss», in una formazione più numerosa di quella di prima. Decisi, si lanciano sui bombardieri di Franco che, però, non s'intimoriscono e proseguono per concludere la loro opera. Fulmineo e compatto interviene a difesa del bombardamento il gruppo da caccia, le cui pattuglie si erano allora ricomposte dando prova di altissima disciplina. Un «Curtiss» che era riuscito nell'intento di avvicinarsi ad un bombardiere, viene acciuffato e «derubbato» da un «CR. 32». Gli altri sono incapsulati, costretti a combattere e a desistere dallo scopo contro i trimotori nazionali. La lotta, anche questa volta, è impari e durissima: ma i legionari ne escono vittoriosi poiché fulminano diversi apparecchi rossi e costringono i rimanenti alla fuga.

In totale, nei due combattimenti, il gruppo «Gamba di ferro», ottiene undici vittorie sicure e quattro probabili. Purtroppo conta anche esso dolorose perdite perché non rientrano in territorio nazionale Boetti e Cesana, mentre Benassi, ferito, è costretto ad atterrare fuori campo a S. Eulalia.

Altro combattimento fu sostenuto dai cacciatori legionari del gruppo «Cucaracha» il 20 gennaio. Come sempre il comportamento di tutti i piloti fu magnifico, tanto che, alla fine della lotta, ben sei apparecchi nemici risultarono abbattuti.

Nonostante le avversità atmosferiche l'Aviazione Legionaria fu dunque attivissima nel primo mese del 1938. Partendo da basi sovente lontanissime i bombardieri legionari portarono la loro micidiale offesa, ripetutamente, là dove si verificava il transito di uomini e di materiali bellici, dove si accumulavano i depositi, dove si fabbricavano armi ed altri mezzi per la guerra, e dove, soprattutto, entravano i rifornimenti dall'oltre frontiera in omaggio al non intervento. Port Bou, sul confine francese, conobbe spesso la violenza dei bombardamenti legionari e lo stesso si verificò a Barcellona, Tarragona, Oropesa, Castellon de la Plana, Valencia, cioè in quelle località della costa ove più i movimenti avevano luogo. E sempre l'azione fu portata su obiettivi prettamente militari nonostante le contrarie affermazioni della stampa rossa internazionale.

Le azioni di bombardamento si susseguirono senza tregua per tutto il periodo invernale, anche quando le condizioni del tempo avrebbero consigliato la sosta. Ma lo spirito legionario, che è spirito di arditismo, non ha fatto conoscere ostacoli di alcun genere e tanto meno quelli creati dalle avversità atmosferiche.

Anche se gli obiettivi da colpire si trovavano a centinaia e centinaia di chilometri dalle basi, anche se per raggiungerli occorreva sorvolare il mare e estese regioni e sorpassare le difese contraeree a terra e le formazioni nemiche da caccia, i piloti legionari della specialità da bombardamento si sono egualmente levati in volo e si sono lanciati per il cielo ben sicuri di conseguire lo scopo propostosi.

Porti Bou, Barcellona, San Feliù de Guiscola, Tarragona, Oropesa, Castellon de la Plana, Valencia e molte altre località della costa conobbero a turno l'offesa aerea legionaria, la quale, peraltro, non infierì mai sulle popolazioni inermi e su obiettivi senza interesse militare.

Mentre la battaglia di Teruel è in corso il nemico tenta un diversivo, eseguendo una puntata offensiva contro l'unica strada che collega Teruel con Saragozza. La sorpresa riesce, ma fino a un certo punto. Infatti i rossi partiti dalla Sierra Palomera arrivano fino al paesino di Siurga, a un tiro di fucile dalla strada minacciata. Ma ancora una volta a smorzare il loro ardore, a disorganizzarli e a metterli in fuga è l'aviazione. Con una continuità, una potenza e una tempestività ineguagliabili, le ali armate risolvono in poche ore la situazione volgendola a vantaggio dei nazionali. Da quella azione, a cui gli «Sparvieri» hanno partecipato con la consueta bravura, ha inizio la battaglia dell'Alfambra, preludio alla definitiva riconquista di Teruel.

Raggiunte le porte della città martire, occupata la Muela, con gli avamposti sulla Rambla de Estriche, non si può ancora entrare in città finché rimarrà nelle mani dei rossi la munita posizione del Mansueto, una altura che domina Teruel e il cui nome è in stridente contrasto con la funzione del momento. Agli «Sparvieri» è affidato il compito di spianare la strada alle magnifiche fanterie di Franco. Sono fissate l'ora del bombardamento e la zona in cui deve essere concentrato il fuoco a soli 500 metri dai nostri.

Il gruppo, comandato da Cupini, al completo, su tre squadriglie, arriva sul posto con cinque minuti di anticipo. Le difficoltà sono molto più grosse del previsto, poiché la atmosfera nebbiosa e molte nubi non permettono di eseguire il puntamento dalla direzione di provenienza.

Bisogna risolvere subito il grave problema dell'orario e dell'assoluta precisione del tiro. La formazione sorvola l'obiettivo, vira e attacca nella direzione opposta usufruendo di un piccolo ma provvidenziale squarcio delle nubi. In questa manovra imprevista si manifesta interamente la disciplina di tutti, l'intuito dei comandanti di squadriglia e l'abilità dei puntatori, poiché al secondo passaggio tutta la formazione sgancia il carico, colpendo esattamente le posizioni. Anche l'orario è stato rispettato scrupolosamente.

Immediatamente dopo, le fanterie scattano all'attacco e l'altura del Mansueto è conquistata con perdite minime. Si è ripetuto il miracolo del «Cinturon de hierro». Dopo poco, Teruel è occupata.

Teruel è presa, ma il nemico, sfruttando abilmente le risorse del terreno montagnoso si è trincerato a distanza tale dalla città che i suoi cannoni possono ancora colpirla. Perciò agli «Sparvieri» è dato l'ordine di bonificare una zona di cui sono segnalati concentramenti di truppe e materiali. Mentre gli «S. 79» si avvicinano all'obiettivo, i piloti vedono distintamente che la zona assegnata è anche sede di una batteria antiaerea che tira contro un gruppo legionario da caccia, in crociera protettiva ad altissima quota.

Per i bombardieri, che da tanto tempo sono ansiosi di misurarsi contro queste batterie, non par vero di avere ora la magnifica occasione. Sulle fiammelle lampeggianti delle bocche, mentre anche attorno agli aerei cominciano a fiorire le nuvolette bianche ben note, si compie un lungo accuratissimo puntamento, poi una serie di sobbalzi e il mutato centramento del velivolo, avvertono i piloti che le bombe sono in viaggio. Pochi secondi, mentre procedono ancora dritti per fotografare il risultato del tiro, e infine un urlo di vittoria: la batteria è stata sommersa da lampi e tuoni ed è scomparsa sotto il fumo degli scoppi.

Durante tutto il periodo della battaglia di Teruel la caccia legionaria dette il suo validissimo contributo per ottenere il dominio del cielo. I tre gruppi legionari, più quello spagnolo di Salas, furono utilizzati in continuità per le scorte e le crociere. Sovente si trovarono contro i baldanzosi cacciatori rossi e allora, come s'è visto, non mancarono di impegnare la battaglia. Guidati da Zotti, da Casero, da Leotta, da Salas, i gruppi dei cacciatori dettero un rendimento superiore ad ogni elogio; ogni squadriglia, ogni pattuglia, ogni formazione portò a termine come meglio non si sarebbe potuto le missioni assegnate.

Anche nell'opera di rifornimento l'Aviazione Legionaria e nazionale svolse attività intensa in Aragona e poi in Catalogna. Spesso i presidi isolati, contro i quali si accaniva la furia rossa, ebbero il conforto morale, l'assistenza e l'appoggio materiale dalle vie del cielo. Per mezzo degli aerei questi presidi poterono sempre comunicare con i Comandi e non si sentirono avulsi dalla Spagna nazionale; con quanto gli aerei delle forze franchiste loro lanciavano dall'alto, la resistenza di essi poté protrarsi fino alla liberazione. Nell'arduo compito del rifornimento, si era specializzato un ardito pilota spagnolo, il capitano Haya, sin dall'inizio della guerra civile, passato poi all'aviazione da caccia e divenuto in breve uno degli «assi» della aviazione nazionale. Da eroe, il capitano Haya, morì in uno degli ultimi combattimenti del febbraio, in seguito a collisione con un apparecchio da caccia nemico sul quale si era avventato. Il gruppo al quale apparteneva Haya, l'«Asso di bastoni», quel giorno si era impegnato contro preponderanti formazioni avversarie e ne aveva avuto la meglio abbattendo tre «Curtiss». Il «Fiat» del cacciatore franchista e l'apparecchio sovietico precipitarono in un groviglio di metalli, ma mentre il pilota rosso poteva lanciarsi col paracadute, Haya, probabilmente ferito in modo grave nell'urto, andava a picco, serrato nel pozzetto di pilotaggio, al di là di Puerto Escadion, in territorio nemico.

Così finì uno dei più valorosi aviatori della Spagna nazionale, un soldato il cui coraggio potrà essere uguagliato, non superato. Sue gesta memorabili furono le azioni isolate di bombardamento all'inizio della campagna, su un «Douglas» civile già adibito al traffico dei passeggeri con le Canarie. Con un apparecchio siffatto l'aviatore portava le bombe su piani inclinati affaccciantisi ai finestrini, e giunto sul bersaglio piegava fortemente la mac-china su un lato, così da far scivolare dalle aperture i proiettili. Più tardi Haya si assunse il temerario incarico di rifornire, sempre col suo bimotore non armato, gli eroici difensori della Virgen de la Cabeza, quasi sempre solo e sfidando la «caccia» rossa del vicino campo andaluso di Andujar. E ancora, stavolta con apparecchi dei suoi camerati legionari italiani, fu Haya che per diversi giorni, rifornendo in volo i difensori di Belchite, permise loro di prolungare la strenua resistenza. Da qualche tempo, con le formazioni delle prime squadriglie nazionali da caccia, Haya aveva assunto un comando di gruppo, brillando di bravura anche nella specialità. La perdita di questo splendido combattente fu molto sentita dai camerati.

Alla sua memoria fu concessa la medaglia d'oro con questa stupenda motivazione:

«Combattente di eccezionale valore, campione di ogni virtù civile e militare, fautore entusiasta degli ideali fascisti, chiese di combattere nei ranghi dei fratelli italiani. Nel combattimento del 21 febbraio 1938, nel cielo di Teruel lanciandosi tutto solo in soccorso di un nostro apparecchio attaccato da numerosi caccia nemici, nel generoso tentativo di abbattere un velivolo avversario lo serrava tanto da vicino da investirlo, incontrando morte gloriosa. Esempio sublime di fratellanza, di senso del dovere e di cosciente arditezza».

SULLA RIVA MEDITERRANEA

Ed ecco, nella prima decade di marzo, sferrarsi decisa l'offensiva franchista nel settore dell'Ebro. Ad uno ad uno, tutti i settori del fronte orientale entrano in movimento. La grande battaglia d'Aragona, che doveva portare le truppe di Franco nel cuore della Catalogna e al Mediterraneo, l'offensiva che doveva terminare con la rescissione della Catalogna da Valencia, cominciò ad oriente di Saragozza, a cavallo dell'Ebro, e subito i risultati si manifestarono magnifici che chilometri e chilometri quadrati di territorio, villaggi e città, tra cui l'eroica Belchite, furono restituiti alla Spagna nazionale, sottratti alla barbarie rossa.
A settentrione il corpo d'esercito marocchino del generale Yague, al centro le truppe volontarie, a sud il corpo d'esercito di Galizia, comandato dal generale Arancia, si mossero con perfetto sincronismo: era un fronte di oltre 90 chilometri che avanzava celermente, ingoiando ad una ad una le difese rosse, frantumando la resistenza marxista.
L'offensiva doveva durare per ben due mesi spostandosi lungo l'immenso fronte, accentrandosi là dove urgeva raggiungere i più importanti obiettivi, ampliandosi ancora fino ad interessare tutta la linea, con i suoi salienti e con le sue sacche, dai Pirenei a Teruel.
L'offensiva d'Aragona si concluse vittoriosamente sulle rive mediterranee.
Già dai primi giorni, l'aviazione si è dimostrata, come sempre, un formidabile elemento di successo, si è rivelata quale prezioso ausilio all'irresistibile marcia delle forze terrestri. Nell'esplorazione, nel collegamento, nella ricognizione la sua attività è stata dall'inizio nulla meno che imponente; nel bombardamento, nel mitragliamento e nella caccia l'Aviazione Legionaria e nazionale hanno dato nuove magnifiche prove di potenza, di ardimento, di dominio.
L'offensiva di Aragona oltre che una grande, smagliante vittoria di tutta la Spagna nazionale e che pertanto è valsa a creare riflessi politici importantissimi, è stata anche un'ennesima affermazione dell'Aviazione Legionaria, dei suoi uomini, delle sue macchine, del sistema di organizzazione che la governava. Ancora una volta essa si è imposta all'avversaria: la superiorità, assai più qualitativa che quantitativa, l'ha ottenuta quando ha voluto e per tutto il tempo che ha voluto; questa superiorità si è manifestata già dai primi giorni dell'offensiva con il ripetersi di folgoranti vittorie nei numerosi scontri aerei fra cacciatori, col portare felicemente a termine arditi bombardamenti su aerodromi nemici col compiere innumerevoli missioni esplorative.
I comunicati del Quartiere Generale franchista relativi a questo movimentato periodo danno un'idea dell'intensa attività delle forze legionarie dell'aria, parlano di continui bombardamenti compiuti sui gangli vitali delle retrovie rosse, elencano a decine gli apparecchi nemici abbattuti. Come sempre, sono i «Curtiss» ed i «Rata» a fare le spese dell'ardimento degli ormai leggendari piloti legionari, sono gli ammassamenti di miliziani e di truppe internazionali a conoscere l'efficacia dell'azione degli assaltatori, sono i depositi di munizioni, di carburanti, di armi, i nodi ferroviari e stradali a subire la furia dei valenti bombardieri.
Particolarmente attivo in questo periodo fu il gruppo autonomo da bombardamento veloce di Lucio Cigersa e del quale facevano parte i «B.R. 20» e i «Ba 65» d'assalto. Gli apparecchi del gruppo eseguirono in continuità bombardamenti e attacchi al suolo ad Anadon, Alacon, Oliate, Armo, Jarque, Andorra interrompendo il traffico sulle strade, impedendo ai rinforzi rossi di accorrere in linea, sconvolgendo le difese avversarie.
Ogni giorno nuovi segni di gloria e di vittoria vanno ad aggiungersi nel libro d'oro che annota le gesta di questa superba aviazione. Ed ogni giorno nuovi episodi di valore arricchiscono l'albo ormai dovizioso. Non è certo possibile ricordarli tutti questi episodi di valore, di sacrificio, di purissima gloria, che in essi si ripete con aumentata frequenza, il talento, la valentìa, la potenza, l'eroismo dimostrati nel volgere dei mesi nei cieli di Castiglia, e di

Andalusia, di Estremadura e delle Asturie, di Navarra e delle provincie basche.

Ma fra questi innumerevoli episodi ve n'è pur sempre qualcuno che fa storia a sé, qualcuno che da solo dà il tono a tutto un susseguirsi di fatti bellici densi di eroismo e che caratterizza l'azione complessiva.

Appartiene ad essi l'avventura del sottotenente Zuffi che caduto in mano ai nemici e portato al Comando di brigata rosso vicino alle linee riuscì a portare, a sua volta, lo Stato Maggiore di brigata nelle linee legionarie.

Appartengono ad essi i combattimenti del 10 e del 14 marzo. Fu appunto il 10 marzo che a Muniesa, mentre moriva il capitano Paladini dei carri armati, l'«Asso di bastoni» sosteneva un combattimento durissimo contro i caccia nemici che stavano mitragliando i nostri, mettendoli a mal partito. Fu questa un'azione formidabile in cui l'«Asso di bastoni» si coprì di gloria. Una sua pattuglia, quella chiamata «Cuor di leone», comandata dal valoroso capitano Foschini, sostenne, con soli sei apparecchi, per buoni cinque minuti un combattimento senza respiro contro una ventina di «Rata» permettendo alle altre pattuglie di svolgere l'importante missione che loro era stata assegnata. Ed anzi durante la lotta, Pezze, Viotti e Buvoli della «Cuor di Leone», riuscirono ad abbattere insieme un «Rata» e Tassinari, sempre di quel nucleo, a distruggere un «Curtiss».

Proprio a questi episodi appartiene la straordinaria avventura del maggiore Ajello, comandante un gruppo di caccia, avvenuta nel cielo di Alcañiz, e riferita da Luigi Barzini in un lungo articolo di cui merita riprodurre la parte essenziale.

«Giù dalle nuvole emergeva a poco a poco tutto un punteggiamento di apparecchi da caccia rossi. Venivano dal Nord, dai campi di aviazione dell'alta Aragona. Avevano navigato al di sopra dei cirri per arrivare non visti sulla zona delle operazioni. Il caso li portava a sbucare nel raggio tattico delle squadriglie nazionali, inviate a proteggere l'occupazione di Alcañiz avvenuta poche ore prima. Gli aeroplani nemici erano una sessantina. Raramente si era vista una così grande massa di ali rosse. Il cielo appariva costellato dalle loro formazioni.

Appena le hanno avvistate i nazionali hanno cominciato a prendere quota. Volavano in impennata per salire presto. Durante il volo di ascesa sono cominciati i primi combattimenti. Brevi scoppiettii di mitragliatrici risuonavano qua e là nello spazio. Avvenivano episodi fulminei, scontri che duravano un secondo fra evoluzioni veloci che spaziavano su decine di chilometri.

Il comandante Ajello, volando in ascesa, attaccò un rosso capitato davanti. Lo tenne per alcuni istanti sotto il tiro della sua mitragliatrice. Il rosso sparì dal suo campo di visione, abbassandosi. Un altro si presentò subito nel raggio d'azione del comandante. Qualche attimo di fuoco, ed anche il secondo guizzava via. Lanciati a 450 chilometri all'ora, gli aeroplani in lotta non si trovavano a portata di fuoco l'uno dell'altro che per il tempo di un baleno. Il comandante ha visto a questo punto dietro di lui inabissarsi una vampa fumigante. Era un «Curtiss» che precipitava in fiamme.

Pochi secondi dopo, l'apparecchio del comandante Ajello era attaccato di coda. L'ufficiale se ne è accorto soltanto quando ha visto davanti ai suoi occhi le pallottole sforacchiare il parabrezza.

Egli si è gettato in volo a picco per sfuggire alla traiettoria nemica.

Era impossibile riprendere quota. Bisognava atterrare.

La battaglia aerea era avvenuta su territorio nemico, al nord di Alcañiz, e si era andata spostando sempre più a nord, fra Alcañiz e Caspe.

Toccando il suolo l'apparecchio ha superato il prima gradino. Quando è saltato sul secondo, ha capottato.

Il capovolgimento è stato lento e non ha fatto danni. Il comandante è uscito incolume dalla carlinga. Col paracadute ancora affibbiato alle spalle, si è incamminato verso una capanna che vedeva lontano, nella gola.

La regione era piena di miliziani sparpagliati che fuggivano dalla strada di Hijar, al cui sbocco su Alcañiz l'incontro inopinato coi legionari li aveva sbandati. Alcuni di questi fuggiaschi avevano visto l'aeroplano nazionale scendere vicino. Un gruppo di loro si era messo alla ricerca dell'aviatore. Il soldato rosso arrivato per primo, scorto il pilota da lontano, aveva nascosto il fucile ed era venuto avanti sotto l'aspetto di un cittadino inerme e soccorrevole. A lui il comandante ha domandato da quale parte si trovasse Alcañiz, non per saperlo, poiché aveva il senso dell'orientamento, ma per fingere di avviarsi dalla parte indicata, e poi, arrivato fuori vista, deviare ed andarsi a nascondere dove non avrebbero potuto trovarlo. «Laggiù!» — gli indicò l'uomo soccorrevole.

Il pilota si allontanò e quando si ritenne abbastanza distante mutò direzione. Trovò un pozzo coperto di sterpaglie, celò i suoi documenti sotto un sasso e si imbucò nei rovi.

Ma era stato spiato. Non è passato molto tempo che tre miliziani spuntavano intorno a lui, coi fucili imbracciati, intimandogli di seguirli.

Con questa scorta è stato ricondotto alla casupola. Lì era aspettato da una diecina di soldati rossi. La loro immediata decisione fu che bisognava fucilare il «fascista».

Il comandante Ajello è stato spinto al muro della capanna. Egli ha visto i miliziani arretrare di alcuni passi, armando i fucili. Si è considerato morto.

Nel momento in cui i fucili carichi stavano per abbassarsi, con una tempestività che per solito non si verifica che nelle cinematografie, qualche cosa è avvenuto che ha fatto sospendere l'esecuzione sommaria.

«Aspettate» — ha gridato uno dei miliziani, che essendo una guardia d'assalto aveva autorità sugli altri. «Quest'uomo può dare delle buone informazioni al comando. Dobbiamo portarlo a Caspe per farlo interrogare».

L'argomento è stato trovato valido. I soldati rossi si sono riavvicinati all'ufficiale, gli hanno rimesso sulle spalle il paracadute che gli avevano tolto e tutta la banda, col prigioniero in mezzo, si è incamminata per sentieri campestri verso il nord.

Dopo quattro ore di marcia non vi erano più che otto uomini intorno al comandante Ajello; dopo cinque non ve ne erano più che due. Avevano mangiato un po' di pane, di cui avevano dato un pezzo al prigioniero.

L'aviatore vide che il momento era favorevole per salvarsi. Aveva finito col fare amicizia coi suoi guardiani. Li aveva convinti che, poiché a Caspe non si poteva arrivare, la cosa più conveniente fosse di andare dalla parte opposta, raggiungendo Alcañiz ed entrare nelle linee nazionali.

Così sono tornati indietro. Ma questa volta il legionario era diventato il catturatore e i suoi guardiani erano prigionieri.

Bisognava far presto. Marciavano secondo le regole della fanteria: 50 minuti di cammino e 10 minuti di riposo. Verso il tramonto sostarono in un burrone, cossero un pollo sopra un fuoco di sterpi, divorarono le provviste e via di nuovo.

Erano sfiniti. Avevano percorso più di 30 chilometri nella giornata. Non potevano più andare avanti. A notte fatta arrivarono ad un casolare. Vi trovarono un vecchio pastore che li accolse ospitalmente. Al mattino il pastore li previene che molti miliziani fuggiaschi infestavano ancora le vicinanze e che era imprudente mostrarsi. Il comandante Ajello propose al pastore di portare un biglietto al comando legionario di Alcañiz, ma il campagnolo si rifiutò con terrore. Ci vollero molte ore per persuaderlo.

Erano a mezzogiorno quando il pastore finalmente si incamminò verso Alcañiz, lontana una decina di chilometri. E cominciarono le ore angosciose di attesa.

I miliziani erano stati ripresi dalla paura. Cominciarono a dubitare di avere salva la vita se seguivano l'aviatore, e temevano di essere fucilati come disertori se erano sorpresi dai rossi. Meditavano di tornare indietro e portare il prigioniero a Maella, punto di concentrazione.

Ma il prigioniero era riuscito a togliere ad uno di loro la pistola, ed era pronto a difendersi. Bisognava però che il suo biglietto diretto al comando legionario di Alcañiz arrivasse, e arrivasse presto.

Egli aveva calcolato che ci volessero cinque ore, se tutto andava bene, per andare e tornare da Alcañiz. Ma le cinque ore erano trascorse e non si vedeva nessuno.

Erano passate le 18, il sole tramontava, quando si è visto lontano uno striscione di polvere, in fondo a una vallata. Una piccola automobile veniva avanti traballando sul sentiero.

Un ufficiale legionario, il capitano Panerai, è balzato dalla vettura appena ferma. Si è slanciato ad abbracciare il collega che gli correva incontro. Ad Alcañiz avevano dato il comandante Ajello per morto.

Ogni giorno, non senza sacrifici, l'Aviazione Legionaria ha recato la sua fraterna dedizione ai fratelli del C. T. V. e a tutti i Corpi d'Esercito di Franco in movimento. Per giorni e giorni i gruppi da bombardamento e d'assalto hanno agito dall'alba al tramonto su tutte le strade di arroccamento del nemico. Nella sola giornata del 9 marzo gli «Sparvieri» di Cupini effettuarono tre bombardamenti sulle immediate retrovie del nemico. Nei giorni successivi i veloci «S. 79» si addentrarono sempre più nel territorio nemico.

Particolarmente insistente e molto proficua fu l'azione il giorno 14, nel quale fu offerto prezioso appoggio alla colonna in marcia su Alcañiz, col ripetuto bombardamento a massa delle forze avversarie.

Da par suo l'aviazione da caccia compì nuovi prodigi impegnandosi in una serie di azioni da cui uscì sempre più che vittoriosa, trionfante. In quella stessa giornata in cui il C. T. V. scriveva una magnifica pagina di arditismo conquistando Alcañiz, venti apparecchi del gloriosissimo gruppo «Cucaracha», il cui compito era quello di proteggere l'azione dei fratelli bombardieri, scorta una formazione di ben 50 apparecchi rossi tutti «Curtiss» e «Rata», vi si lanciò addosso in combattimento pure essendo numericamente molto inferiore, la scompaginò e costrinse alla fuga gli elementi dopo averne abbattuti quattro e ridotti a mal partito alcuni altri. Fu quella mattinata veramente propizia per il gruppo della «Cucaracha», al quale da tanto tempo non si era presentato più un bersaglio così imponente. Ed i baldi piloti non si lasciarono sfuggire la bella occasione.

Emozionante, anche se non vi furono assegnazioni ufficiali di vittorie, fu il combattimento sostenuto quello stesso giorno, nel cielo di Alcañiz e di Calanda, dal gruppo «Asso di bastoni» contro un numero quasi doppio di «Rata» e di «Curtiss». Emozionante particolarmente fu l'episodio in cui il sergente Tassinari si trovò a lottare contro nove o dieci avversari in una giostra infernale. Il valoroso pilota aveva deciso di vender cara la propria pelle e per questo stava dando una esibizione di virtuosismo e di audacia. Lo spettacolo era commovente, entusiasmante, ed avrebbe scosso l'animo più infingardo. Per caso, fra i due strati di nuvole in cui l'impari lotta aveva luogo, capitò Zotti. Il suo intervento fu fulmineo: ed era solo. Attaccò due «Rata» che più da presso serravano Tassinari e li mitragliò a dovere. Gli altri rossi al cospetto di tanta foga, forse immaginando che Zotti fosse la punta di un'intera formazione o forse comprendendo che contro una furia di quel genere nulla v'era da fare o forse ancora per la confusione provocata dall'inaspettato intruso, desistettero dalla sarabanda, allargarono il cerchio appena rispondendo alle raffiche di Zotti e Tassinari, che sembravano legati insieme, e finirono col dileguarsi quasi obbedendo ad un ordine improvviso.

Egualmente vittoriosa fu nel pomeriggio del giorno successivo l'azione del gruppo «Asso di bastoni», sempre nella zona dell'Ebro. Contro una quarantina di apparecchi avversari combatterono i legionari dell'«Asso di bastoni» che erano in aria in crociera di protezione; anche questa volta la vittoria si tinse dei colori della Spagna nazionale: quattro aerei da caccia nemici furono in breve abbattuti e due di essi precipitarono in torcia. Inoltre fu distrutto un «Martin Bomber». Durante questo combattimento al sottotenente Lucchini fu incendiato l'apparecchio; ma il pilota poté lanciarsi col paracadute e, caduto nella fascia tra le due linee, rientrare nella nottata in quelle nazionali.

A provare quanto continua fu l'attività dei cacciatori legionari in questo periodo riferiamo, a mo' d'esempio, una sola cifra: dal 1° gennaio al 16 marzo 1938, nonostante le proibitive condizioni atmosferiche, il solo gruppo «Gamba di ferro» aveva volato per un totale di 2900 ore. Dall'inizio della sua attività e quindi in meno d'un anno quel gruppo, che tanti nomi di purissimi eroi comprendeva, e che fino al 16 marzo 1938 era stato comandato dal maggiore Eugenio Leotta e dopo d'allora dal maggiore Mario Rossi, aveva volato per quasi 7700 ore.

Memorabili, di queste giornate di metà marzo, furono le azioni eseguite dal 35° gruppo. Coi «BR. 20» ed i «Ba. 65» furono ripetutamente bombardati, mitragliati e spezzonati i concentramenti di truppe di Torrecilla di Alcañiz e le posizioni di La Santa Barbara con risultati veramente sorprendenti.

La battaglia del sud Ebro andava intanto avvicinandosi al Mediterraneo: Alcañiz e Caspe erano superate, e la marcia vittoriosa dei legionari su Gandesa proseguiva irresistibile. A settentrione del fiume le colonne della Spagna nazionale proseguivano intanto ad avanzare in direzione di Lerida dilagando in Catalogna.

Furono giornate trionfali quelle di marzo per le truppe franchiste. Furono giornate memorabili, dense di vittorie in terra, in mare ed in cielo. Implacabili cominciavano ad abbattersi sulla Spagna rossa i colpi annuncianti il maturarsi del destino.

In questo picchiar sodo, in questo vibrare di colpi demolitori, l'aviazione interveniva con un crescendo d'azione che ha quasi, se così si può dire, del metodico e del sistematico. I bombardamenti e gli assalti a massa erano all'ordine del giorno, frequentissimi. Nelle battaglie aeree, anche se brevissime, erano sempre i rossi ad avere la peggio, e se essi osavano avventurarsi in qualche fugace azione di bombardamento s'incaricavano i cacciatori legionari di infliggere tremende punizioni. È storia di tutti i giorni, questa. A scorrere i comunicati bellici e le cronache giornalistiche se ne ha la prova.

Ma vediamo, attraverso la cronaca, l'attività ed i cospicui risultati conseguiti, ad esempio, da quella notissima Squadriglia Autonoma Caccia Mitragliamento che fu comandata dall'intrepido capitano Vosilla e che, costituita da poco tempo, fu una vera e propria rivelazione.

Il 10 marzo cinque apparecchi vanno sul campo rosso di Muñiesa e vi mitragliano gli impianti, in assenza degli apparecchi nemici; i depositi di lubrificante sono incendiati. Il giorno successivo sette «CR. 32» mitragliano con particolare efficacia colonne nemiche in marcia sulla strada Oliete-Ariño. Due giorni dopo si ripetono mitragliamenti e spezzonamenti, questa volta sulle strade Andorra-Calanda e Andorra-Alcorisa. Il 15 è la volta di autocolonne nemiche fra Alcorisa e Aguaviva a subire l'assalto di nove «Fiat» di Vosilla. Poi sono continue scorte ai «Ro. 37», eseguite alla perfezione, fino a che il 19 marzo la squadriglia sostiene il suo primo combattimento. Ad esso prendono parte, oltre il comandante, Zannetti, Zannier, Ceccotti, Ruffili, Carta, Rossi, De Rovere, cioè un esiguo manipolo di audaci; essi non esitano a lottare contro un numero per lo meno doppio di caccia rossi e, battendoli in valentìa, ne hanno presto la meglio. Vosilla, infatti, fa precipitare un «Curtiss»; un altro ne butta giù Carta, ma anche due «Rata» risultano al termine del combattimento probabilmente abbattuti. Certamente la sorpresa, il suo razionale sfruttamento, la superiorità di quota e la magnifica aggressività dei piloti furono i coefficienti della vittoria ottenuta nonostante la disparità di forze.

Ogni giorno la Squadriglia Autonoma svolse, dunque, efficacissimamente il suo molto lavoro. Vedremo poi come questa attività, anziché sostare, proseguisse moltiplicata. Ma tutta l'Aviazione Legionaria fu pari alla fama conquistata in questo preludio della battaglia dell'Ebro.

Vale forse la pena di ricordare che il giorno 20 marzo furono abbattuti in combattimento aereo un «Curtiss» e due «Rata» e che un piroscafo contrabbandiere fu incendiato in pieno Mediterraneo? Che il 21 nella stessa giornata due idrovolanti bombardarono Tarragona, e sei «Savoia» Sagunto ed altri apparecchi Benincarló? che il 22 un «Martin Bomber» fu fatto precipitare dall'aviazione di caccia? che il 24 i «Ba. 65» centrarono prima una colonna rossa marciante sulla strada di Bujaraloz e poi nei pressi di quell'abitato un concentramento di automezzi?

Non occorre farlo; perché tutta la cronistoria di queste giornate è un continuo susseguirsi di episodi, di fatti, di avvenimenti nei quali è inserito a lettere d'oro l'eroismo singolo e collettivo dei cavalieri dell'aria e dei quali poterono gloriarsi tutte le specialità dell'Aviazione Legionaria.

Nei cieli di Reus, Vall, Montblanch, Port Bou, sul finire di marzo, i bombardieri legionari apparvero indisturbati più volte; in quelli di Gandesa, del Mirablanco del Guadalupe i cacciatori conquistarono nuove magnifiche vittorie.

Particolarmente movimentata e ricca di azioni aeree fu la giornata del 28 marzo. Bombardieri, cacciatori e assaltatori compirono nel cielo del Mirablanco un carosello fantastico tempestando di fuoco le brigate della divisione «Lister» nelle quali produssero larghi vuoti. L'ala legionaria, tuttavia, ebbe le sue dolorose perdite, che due «S. 79» precipitarono, dopo essersi scontrati, mentre battevano le posizioni dell'artiglieria contraerea rossa su La Frasneda, nel settore di Alcañiz.

Sono di questo periodo gli eroismi del capitano Tommaso Parini, del sergente maggiore Paolo Boccella e del tenente Umberto Coppini, i quali militando in tre differenti specialità dettero la prova di quale alto spirito di sacrificio animasse i piloti legionari di qualsiasi reparto. Ecco la motivazione delle medaglie d'oro assegnate alla loro memoria: non richiedono commento.

Per il capitano Parini:

«Comandante di squadriglia da bombardamento veloce, volontario in missione di guerra per l'affermazione degli ideali fascisti, sempre alla testa del suo reparto con indomito spirito ed alta bravura, effettuava numerosissime azioni in campo tattico e strategico, battendo obiettivi importanti e difficili per la violenta difesa antiaerea, dopo aver sostenuto vittoriosamente ardui combattimenti con la caccia nemica. Incaricato di bombardare una batteria che efficacemente batteva un importante settore del fronte, malgrado la violenta e precisa reazione insisteva sul bersaglio per meglio individuarlo e colpirlo, finché cadeva sul campo aggrovigliato con altro apparecchio della sua squadriglia colpito dall'artiglieria. Col supremo sacrificio coronava la sua giovane vita di valoroso soldato».

Per il sergente maggiore Boccella:

«Sottufficiale pilota di incomparabile perizia, volontario in missione di guerra per l'affermazione degli ideali fascisti, in 14 mesi di campagna compiva, con apparecchio da ricognizione, moltissime azioni di mitragliamento e bombardamento a bassa quota distinguendosi in ogni evenienza per le sue belle doti di combattente, sereno sprezzo del pericolo ed altissimo senso del dovere. Il 20 marzo 1938, durante un'azione di mitragliamento effettuata a bassissima quota per meglio offendere importanti trinceramenti nemici, investito da violenta reazione contraerea che lo colpiva ad una spalla e colpiva mortalmente il mitragliere, persisteva nell'azione fino al completo svolgimento. Nel generoso tentativo di portare a salvamento il compagno e il proprio velivolo, prodigava ogni sua energia, fino a quando, stremato di forze, cadeva in vicinanza delle linee, immolando la sua fiorente giovinezza».

Per il sergente Coppini:

«Pilota d'assalto di eccezionale valore, volontario in missione di guerra per l'affermazione degli ideali fascisti, in numerosi voli dava prova di rare virtù militari. In un attaccò al suolo contro munite posizioni nemiche, veniva colpito al velivolo da proiettile incendiario. Con sublime eroismo — nonostante avesse le fiamme a bordo — anziché tentare la salvezza personale, proseguiva nell'azione di spezzonamento e mitragliamento sino a che — divenuto rogo il velivolo — precipitava, offrendo in olocausto la giovane vita alla Patria».

E' anche di questo periodo l'avventura eroica del tenente Giorgio Mayer, un pilota legionario degli «Sparvieri» che, caduto nelle linee rosse, riuscì a raggiungere i nazionali benché gravemente ferito.

L'episodio ebbe inizio il giorno 28 marzo, non lontano da Alcañiz. Il pilota azzurro si trovava nel cielo di Mirablanca, allorché si accorse che l'apparecchio, privo della coda, non rispondeva più. Lanciatosi col paracadute, e fattone aprire prematuramente il comando di apertura ebbe una scossa tremenda che gli ruppe una costola, mentre lo stesso paracadute si lacerava. La caduta invece di effettuarsi dolcemente, fu velocissima, sì che l'urto a terra fu formidabile. Ed intanto, poiché era caduto nelle linee rosse, fu presto oggetto di attive ricerche da parte dei miliziani. Squassato dal terribile urto, ferito in più parti del corpo, disarmato, riuscì tuttavia, facendo appello a tutte le sue energie ed al proprio coraggio, a sorprendere un miliziano isolato e a prendergli l'arma dopo una lotta furibonda. Nascostosi per più giorni, affamato ed assetato, febbricitante, pazzo anzi per il caldo, Mayer resistette e sopravvisse. Intanto la pioggia dei proiettili dell'artiglieria legionaria, che preparava il terreno ad un nuovo balzo delle truppe franchiste, lo metteva in continuo pericolo. Uno scoppio a lui più vicino degli altri lo sbalzò lungi da un provvidenziale cespuglio ove s'era rifugiato. Finalmente, la mattina del 31, finita la sparatoria, poté tentare la marcia verso le linee legionarie, sempre tra lo spasimo indicibile delle ferite e col tremendo stimolo della sete e della fame. Marciò come un automa verso Valjunquera, dove già erano arrivati i fratelli legionari. Vi pervenne sfinito, più morto che vivo, in delirio. Ma fu salvo.

Di singolari, gloriosi episodi il periodo della grande offensiva del Levante fu dunque ricco per l'Aviazione Legionaria.

Con moltiplicato vigore l'aviazione proseguiva a coprirsi di gloria in terra di Spagna sì che ben poteva dire di meritarsi l'esaltazione che, nel XV Annuale dell'Arma Aerea ne fece l'ambasciatore Garcia Condè in questo magnifico telegramma inviato al Duce:

«Mosso da uno spirito di ammirazione e da un dovere di gratitudine, onoromi felicitare V. E. geniale creatore della vittoriosa Arma Azzurra potente in guerra contro la barbarie ed insuperabile in pace per favorire la fraternità fra i popoli e i continenti. Le prodezze con le quali hanno raggiunto ambedue le finalità civilizzatrici gli eroici ed intrepidi aviatori italiani la cui gloriosa memoria sarà evocata in questo fausto XV Annuale commuovono intensamente il mio animo e tutta la Spagna Nazionale esalta il valore di questa ardimentosa gioventù fascista. Devotamente».

Per l'Aviazione Legionaria non si poteva parlare, infatti, che di prodezze, di eroismo, di gloria. L'offensiva franchista scatenata in Aragona dai Pirenei a Teruel aveva raggiunto nella prima decade d'aprile i suoi primi importanti obiettivi. Saragozza non era più minacciata, Lerida in Catalogna era stata restituita alla Spagna nazionale, i bacini idroelettrici di Tremp erano caduti, un territorio vastissimo con centinaia di villaggi e con i centri di Gandesa e Morella era stato liberato a sud dell'Ebro. Ma rimaneva ancora da conseguire un obiettivo di enorme importanza: lo sbocco sul mare Mediterraneo, in seguito al quale la Catalogna sarebbe stata separata dal resto della Spagna rossa ed avviata verso la fase risolutiva la guerra civile.

Virtualmente la divisione in due delle forze agli ordini della Russia sovietica poteva considerarsi un fatto avvenuto da quando i bombardieri legionari e nazionali, levandosi in volo dai campi di Aragona e da quelli delle Baleari, portavano l'offesa aerea sulle uniche vie di comunicazione che erano rimaste ai rossi per unire Barcellona a Valencia, la ferrovia costiera e la vicina strada. Sulla linea ferroviaria, sulle stazioni lungo essa, sulle sue principali opere d'arte come anche sui nodi stradali i «Fiat» bimotori, gli «S. 79» e gli «Junkers» dei legionari tedeschi, facevano piovere diuturnamente quantitativi enormi di bombe provocando interruzioni al traffico o comunque rendendolo difficilissimo. Quanti furono questi bombardamenti è difficile precisare, ma tutti sanno che essi si ripeterono con continuità sconcertante per i rossi e con positivi risultati per i nazionali. Ciò nonostante il traffico bellico sulle importanti arterie continuava: occorreva pertanto raggiungerle per via di terra, si doveva arrivare alla riva mediterranea, a Viñaroz e alla foce dell'Ebro.

E la spinta al mare fu ripresa. Fu ripresa con rinnovato vigore mentre a settentrione dell'Ebro le colonne del generale Franco dilagavano in Catalogna raggiungendo e oltrepassando il Segre.

Da par suo l'Aviazione Legionaria, moltiplicando la propria attività, collaborava per la riuscita dell'offensiva che doveva portare i legionari a Tortosa e sulla riva del mare.

Sulle retrovie rosse un uragano di mitragliatrici e di spezzoni si scaricava ad intervalli ogni giorno e più volte al giorno, spostandosi da un punto all'altro. Simili micidiali incursioni eseguite da frotte di apparecchi, fitte e basse come nuvole, colpivano sul nascere le intenzioni offensive delle brigate comuniste; spesso le distruggevano. Le truppe rosse arrivavano al fronte lasciando lungo la strada le prime perdite. Specialmente battute furono le strade di Alfara, di Tortosa, nella vallata dell'Ebro, quella costiera sulla quale procedevano da sud a nord le unità rosse ricostituite con fatica a Valenza e spedite verso il bruciante settore legionario.

Queste strade erano sempre battute dai bombardamenti dei gruppi legionari delle Baleari, i quali inoltre si portarono un giorno nel cielo di Cherta ed eseguirono un assalto pesante alle fortificazioni campali apprestate dai rossi nella zona: trinceroni e reticolati profondi ai quali avevano lavorato migliaia di operai inviati apposta da Barcellona.

Nella zona di Cherta eseguirono ripetuti, precisi bombardamenti nella prima decade di aprile le «Cicogne» di Cigersa provenienti dal campo di Puig Moreno. Nella sola giornata dell'8 i «BR. 20» vi lasciarono cadere, in due successive azioni, 50 bombe da 100 chili e 60 da 50.

Non si può non ricordare che in tale periodo particolarmente attiva e con risultati concreti fu la già menzionata Squadriglia Autonoma Caccia-Mitragliamento. Ai suoi tempestivi interventi si deve se le retrovie nemiche, le trincee di Valdealgorfa, Valdeltormo, Rio Matarraña, Torrevilla, Fresneda, le posizioni del Mirablanca furono sempre sotto un incubo premente che impediva qualsiasi iniziativa. Ed è a questa squadriglia di audaci legionari che va il merito precipuo della riconquista del Mirablanca, avvenuta il 28 marzo, ove le truppe di Lister erano già pervenute.

Gli attacchi al suolo con mezzi aerei idonei ebbero particolarmente fortuna in questo periodo. Una colonna di trecento autocarri fu attaccata l'11 aprile nella mattinata da un mitragliamento radente e dispersa per i campi; erano reparti della 68^a Brigata che saliva a Cherta per sostituire la Lister. Era una brigata appartenente alla 34^a Divisione, battuta dai legionari a Segura e Los Banos, ricostituita con freschi elementi dopo un periodo di riorganizzazione sul calmo fronte della Sierra Guadarrama, e composta da truppe già provate, stanche di combattere, facili ormai al panico.

Di episodi come questo è ricca la cronistoria del periodo bellico culminato con la conquista di Tortosa. L'Aviazione Legionaria fu attivissima, sopperendo spesso con lo spirito di sacrificio dei suoi uomini e la bontà del materiale alla scarsezza numerica.

Ecco infatti la cronaca dell'attività svolta dai bombardieri. Il giorno 15 i «BR. 20» volteggiano sui due ponti stradali di Tortosa, e vi lasciano cadere cinque tonnellate di bombe; ma il loro compito consiste anche nell'individuare le batterie dell'artiglieria contraerea, e vi riescono. Più tardi saranno gli «S. 79» degli «Sparvieri» a battere le difese rosse. Nella stessa giornata «Cicogne», «Falchi» e persino gli «S. 81» del bombardamento pesante tornano su Tortosa coprendo di esplosivo gli obiettivi militari. Il giorno seguente cinque «BR. 20» bombardano le posizioni nemiche a nord di Cherta e i «Ba. 65» spezzonano e mitragliano con grande precisione le postazioni rosse della zona di Tivenys. Il 18 sono ancora le «Cicogne» a battere con efficacia la strada che da Tortosa porta ad Ampolla.

Il 19 aprile, cioè il giorno in cui i legionari entrarono in Tortosa, la massa da assalto puntò le sue offese sui tronchi ferroviari e stradali che da Tortosa portano a Perello. I bombardieri veloci, i quali si erano avvicendati a catena sull'obiettivo dalla mattina alla sera, distrussero fra l'altro un parco di un centinaio di autocarri nella località Venta del Ranchero. Con violento bombardamento essi ridussero al silenzio alcune batterie che dalle altura del Redò a oriente di Tortosa, molestavano abbastanza i movimenti nazionali sulla riva destra dell'Ebro. E infine, individuate due batterie antiaeree a cavaliere della strada di Perello, le subissarono di bombe da 50 chili e le fecero ammutolire.

A loro volta le squadriglie della caccia non solo rintuzzarono qualsiasi velleità dei bombardieri rossi, ma ne sgominarono anche le loro scorte di cacciatori mietendo come al solito buon numero di vittime.

E quello della giornata del 19 non è che un esempio comunissimo. Ben si può dire che, salvo in condizioni eccezionalmente avverse di tempo, l'Aviazione Legionaria di tutte le specialità sia stata sempre in azione collezionando fulgidissime vittorie ed ottenendo magnifici risultati. A dimostrarlo, se ancora ve n'è bisogno, ecco alcune cifre che sintetizzano l'attività dell'Aviazione Legionaria durante la battaglia da Saragozza al mare, nel periodo dal 10 marzo al 9 aprile: 5246 voli; 10.898 ore di volo; 865.420 chili di esplosivo lanciato; 164.286 colpi sparati per mitragliamenti.

Dall'inizio della guerra civile al 10 aprile del 1938 l'Aviazione Legionaria aveva abbattuto 538 apparecchi: una intera flotta aerea di proporzioni più che rispettabili.

Ma questa cifra doveva ulteriormente aumentare di molto.

Affacciatisi al mare di Vinaroz, ampliata subito l'occupazione costiera verso nord e verso sud, i nazionali non sostarono che pochissimi giorni nella grande offensiva sul fronte di levante. Il nuovo colpo avvenne nel settore dell'Alfambra, poco a settentrione di Teruel, dove s'era formata una sacca che era necessario eliminare. E furono nuovi successi con risultati concreti.

Anche sul fronte dell'Alfambra, in questo periodo, la Aviazione Legionaria portò il suo valido contributo, ripetendo bombardamenti e mitragliamenti, compiendo ardite ricognizioni, assalendo le formazioni di bombardieri e cacciatori nemici.

Riferendo all'attività aerea nei cieli di Teruel e dell'Alfambra non si potrebbe fare a meno di ripetere quanto è già stato detto in altre occasioni, perché anche qui l'azione è stata egualmente proficua. Ma sono cose che ormai si sanno e nelle quali è compresa nuova gloria per le ali legionarie.

Merita piuttosto ricordare che fu in questo periodo ed in questa zona che l'Aviazione Legionaria iniziò i voli di ricognizione notturna mediante i quali il Comando franchista poté essere tempestivamente informato di tutti gli spostamenti effettuati dai rossi. Questi voli dettero risultati concreti perché permisero alcuni bombardamenti pure notturni sulle strade ove si muovevano le colonne autocarrate paralizzando il traffico.

Il colonnello Ruggero Bonomi ed il console Ettore Muti il giorno prima della partenza per il Marocco spagnolo.

Il colonnello Ruggero Bonomi, fondatore e comandante dell'Aviazione del Tercio.

Ecco Ettore Muti, quando sotto lo pseudonimo di Gim Valeri iniziò la sua eroica instancabile attività nell'aviazione legionaria che è durata dal primo all'ultimo giorno della guerra di Spagna.

Un glorioso gruppo di cacciatori al campo di Torrijos nel novembre 1936. Il maggiore Fagnani con il cap. Nobili a sinistra e, a destra, Garcia Morato, il sottoten. Ferrari e Garcia Pardo. Sotto, al centro il compianto asso Garcia Morato il giorno che gli fu conferita la "Croce Laureata".

I "Falchi delle Baleari" in volo sull'isola di Maiorca.

Rara fotografia del bombardamento del "Barletta" da parte degli apparecchi rossi.

La valorosa Squadriglia "Mussolini" alle Baleari. Al centro il col. Gallo con i valorosi piloti Carestiato, De Agostinis, ed altri campioni del Fiat CR 32.

La messa al campo di aviazione di Maiorca.

Idrovolanti rossi bombardati e danneggiati alle Baleari.

Aerei Ro 37 legionari in crociera di guerra.

L'onorevole Farinacci con il maggiore Federigi alla fronte spagnola.

Il maggiore Nobili con il grande aviatore spagnolo capitano Haya durante la battaglia di Teruel, dove il capitano Haya morì eroicamente.

Il colonnello Raffaelli al campo di Soria con il maggiore Federigi durante le operazioni di Guadalajara, nelle quali la nostra aviazione da bombardamento, al comando del colonnello Raffaelli, compì eroiche gesta.

Bombardieri legionari di buon umore. Si notano il maggiore Federigi, i capitani Mencarelli e Lucchini intorno al colonnello Raffaelli.

Il generalissimo Franco segue un'azione insieme a S. E. Teruzzi e al Generale Bernasconi.

Il gen. Velardi alle Baleari. Da sinistra a destra: il cap. Zucconi, il magg. Buonamico, il ten.col. Gostoli, il gen. Velardi, il col. Giordano, il magg. Montanari, il ten.col. Seidl, il cap. De Luise, il cap. Ziliotti, il cap. Gioia, il cap. Zannini. Sotto, un'altra immagine del momento.

Rifornimento di cartucce alle mitragliatrici Breda di un Ro 37 del Gruppo Colacicchi.

Una pattuglia di arditi Ro 37 durante l'azione di La Virgen del la Catena.

Bruno Mussolini con il tenente Buzzanca alle Baleari.

I "sorci verdi" dell'equipaggio del ten. Buzzanca.

Gli agilissimi caccia Fiat CR 32 accompagnano i valorosi bombardieri anche in alto mare durante le loro pericolose missioni.

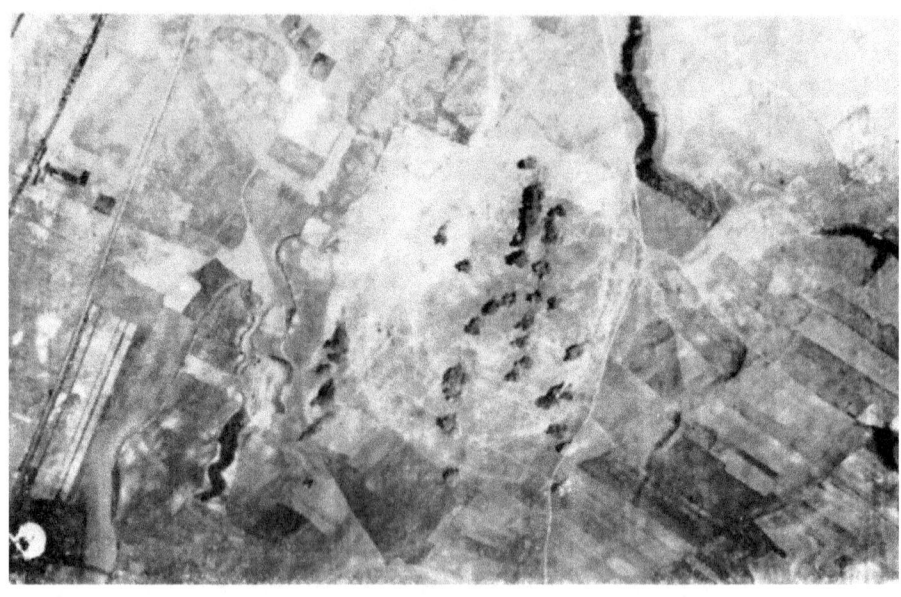

Rarissimo documento fotografico di un Martin Bomber rosso ormai condannato dalle mitragliatrici di due Fiat CR 32 che l'hanno preso in coda, mentre dal terzo apparecchio che lo offende di lato si sgrana una mitragliatrice fotografica che documenta l'azione guerresca.

Il distintivo degli apparecchi di Morato e dei suoi piloti.

Il generale Bernasconi esamina una macchina conquistata al nemico da Ettore Muti.

I Savoia Marchetti 81 seminano la morte nelle trincee rosse.

I Savoia Marchetti 79 de "I Sorci Verdi" nascosti sotto le piante intorno al campo di Palma di Maiorca.

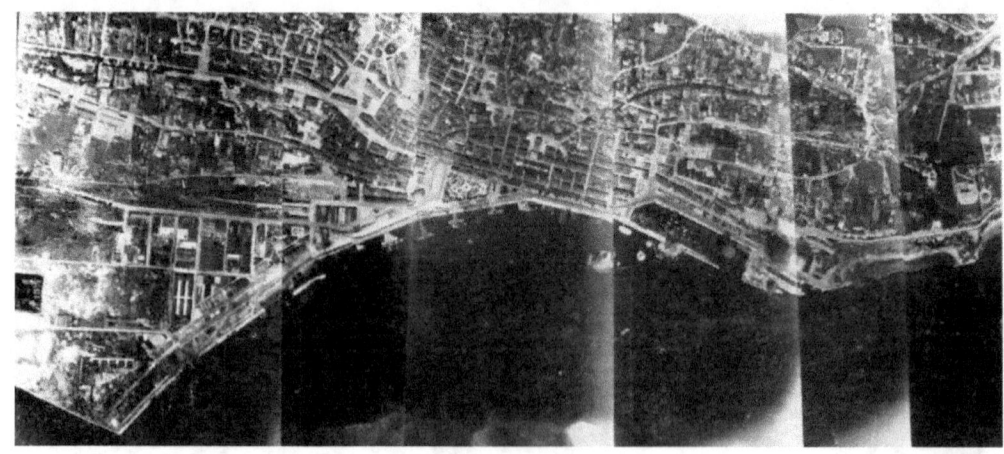

All'ingresso di un campo legionario lo scheletro di un Rata abbattuto è stato trasformato in un monumento di vittoria.

Il colonnello Ramon Franco fratello del Caudillo si intrattiene cordialmente con "I Sorci Verdi" a Palma di Maiorca.

Il comandante Bruno Mussolini, legionario del Tercio.

Gli S 79 tornano alle Baleari.

Le navi nazionali nel porto di Palma di Maiorca.

Il Breda 65 da attacco al suolo ha avuto larghissimo impiego nelle principali battaglie sostenute dai legionari e ha disimpegnato anche brillantemente le funzioni di bombardiere in picchiata colpendo ponti, carri armati e fortificazioni nemiche.

Il Savoia Marchetti 79 del maggiore Tioli in volo su Saragozza di ritorno da una azione di guerra.

I primi Fiat BR 20 in azione per il bombardamento di Cifuentes il 1° luglio 1937.

Un Fiat BR 20 in azione sul cielo di Valdemorillo il 10 luglio 1937.

Il console generale Ettore Muti con i suoi bombardieri prima di un'azione al comando del colonnello Raffaelli.

Guido Presel, Medaglia d'Oro, caduto nel cielo di Spagna.

Il grande asso spagnolo maggiore Garcia Morato conversa con Romolo Marcellini.

Savoia Marchetti S 81 in azione di bombardamento.

S 81 con giovani falangisti delle Baleari.

Il colonnello Biseo, il colonnello Fiori e il comandante Bruno Mussolini in mezzo alle camicie nere del seniore Factuello alle Baleari.

Veduta del settimo bombardamento del campo di Soria effettuato dai rossi il 12 agosto 1937.

I Savoia Marchetti 81, i "sorci bombardieri" del console generale Muti

La messa al campo legionario del Gruppo "Asso di Bastoni".

Il Breda 65 ha reso dei preziosi servizi nella guerra di Spagna con il molteplice impiego al quale si è prestato.

S. 81 legionario mascherato alle Baleari.

Bombardamento delle difese rosse di Cartagena.

Gli impianti militari del porto di Alicante centrati dagli apparecchi de "I Sorci Verdi".

La torretta inferiore di un Savoia Marchetti 79 colpita nel cielo di Belchite il 31 agosto 1937.

Un autografo del capitano Vizzotto comandante la 33° squadriglia.

Il ritratto del Duce sulla deriva verticale di un cacciatore legionario.

Un apparecchio da caccia rosso incendiato ed abbattuto dall'aviazione legionaria.

I "Sorci Verdi" giocano tra un volo e l'altro.

Ettore Muti e il Ten. Colonnello Cupini si fumano una sigaretta in attesa di partire per una azione di bombardamento con gli "Sparvieri".

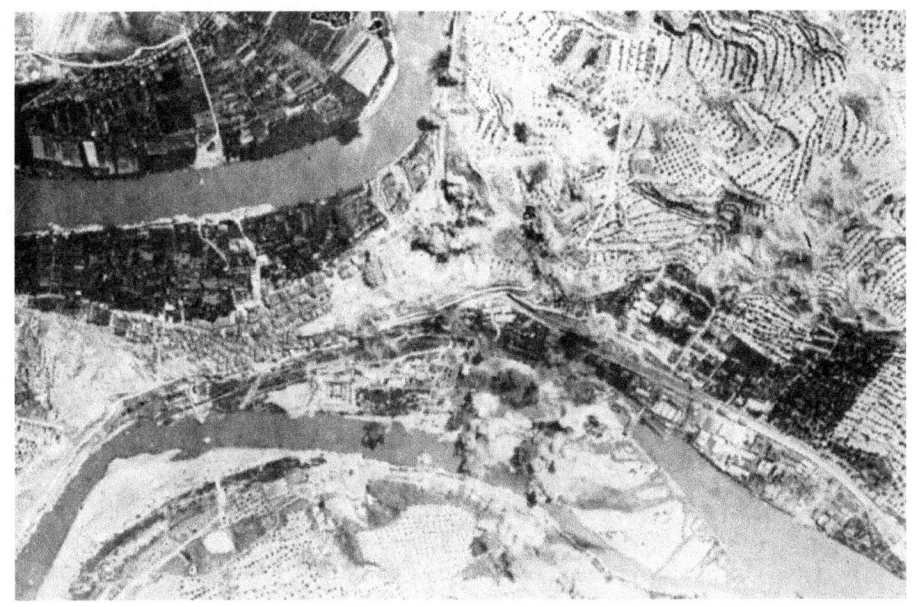

Bombardamento della fabbrica di prodotti chimici Flix il 20 settembre 1937.

Un Fiat BR 20 che va a bombardare il bivio di Villanueva del Pardillo l'11 luglio.

Al campo di Puig Moreno all'alba gli equipaggi dei Breda 65 si preparano alle azioni.

I Breda 65 del capitano Miotto pronti alla partenza.

L'asso spagnolo Garcia Morato e il colonnello Zotti, fedeli compagni di guerra.

Il Duce tiene a rapporto i "Sorci Verdi" al ritorno dalle Baleari.

Le artiglierie antiaeree rosse inquadrano molto bene il tiro nelle formazioni degli S 79 anche a 6.000 metri e più di altezza. Segno evidente che i direttori del tiro sono molto abili e... certamente stranieri.

Una bandiera comunista catturata dai legionari italiani del battaglione "Folgore".

Un S. 79 in mezzo alle erbe dopo un felice atterraggio un po' lungo alle Baleari.

Il colonnello Casero, comandante la "Cucaracha". Sul suo Fiat CR 32 si vede chiaramente l'insegna del gruppo.

I Breda 65 del capitano Fanali in pieno volo.

Il capitano Fanali con il suo Breda 65 sforacchiato dalle offese nemiche.

Il maggiore Francois comandante della "Cucaracha", uno dei più valorosi assi della guerra aerea di Spagna.

Due vedute di un caccia Fiat CR 32 con i segni delle pallottole nemiche con le quali è stato colpito durante i combattimenti aerei, al parabrezza e alla coda, lottando con gli apparecchi rossi.

Gli S. 79 delle Baleari in volo.

Il Fiat CR 32 di un pilota nuovo, battezzato "Pivello".

Un apparecchio rosso, di tipo cecoslovacco "Letow" abbattuto dai cacciatori legionari.

L'aereo del valoroso maggiore Ajello recuperato dai nostri in territorio rosso.

Il tenente colonnello Leotta e il valoroso capitano Borgogno.

Un Curtiss rosso catturati dai nazionali con l'insegna de "Il Pinguino".

Il maggiore Remondino valoroso comandante dell'"Asso di Bastoni".

Un gruppo di valorosi cacciatori. Da sinistra, il capitano Vossilla, il maggiore Francois, il colonnello Cassinelli, il capitano Bianchi e il tenente Fassi.

Il Savoia Marchetti 79 del maggiore Aramu colpito nel cielo di Bilbao il 24 maggio 1937.

Un apparecchio d'assalto Breda 65, dal motto "Mi fanno un baffo", che mostra i segni dei proiettili incassati durante gli attacchi a volo radente durante la battaglia dell'Ebro.

Sulla coda di un Curtiss rosso catturato, le spighe di grano sono una promessa di vittoria.

Il maggiore Ajello e il capitano Bianchi osservano la partenza dei camerati cacciatori.

I valorosi equipaggi de "La Cucaracha" fotografati con il simbolo del loro gruppo indomito. In mezzo il maggiore Casero.

La gloriosa Medaglia d'Oro sergente maggiore Cesana (a destra) insieme al pilota Benassi.

Il colonnello Leotta osserva i suoi aquilotti. A destra il sottotenente Barberis caduto dopo uno strenuo combattimento.

Il valoroso colonnello Cassinelli, comandante la invitta caccia legionaria.

Fiat CR 32 della 24° squadriglia in caccia.

Il tenente colonnello Zotti di ritorno da un volo di caccia discute con il maggiore Nobili e gli al-tri compagni di volo. Da un lato si vede il collega Napolitano.

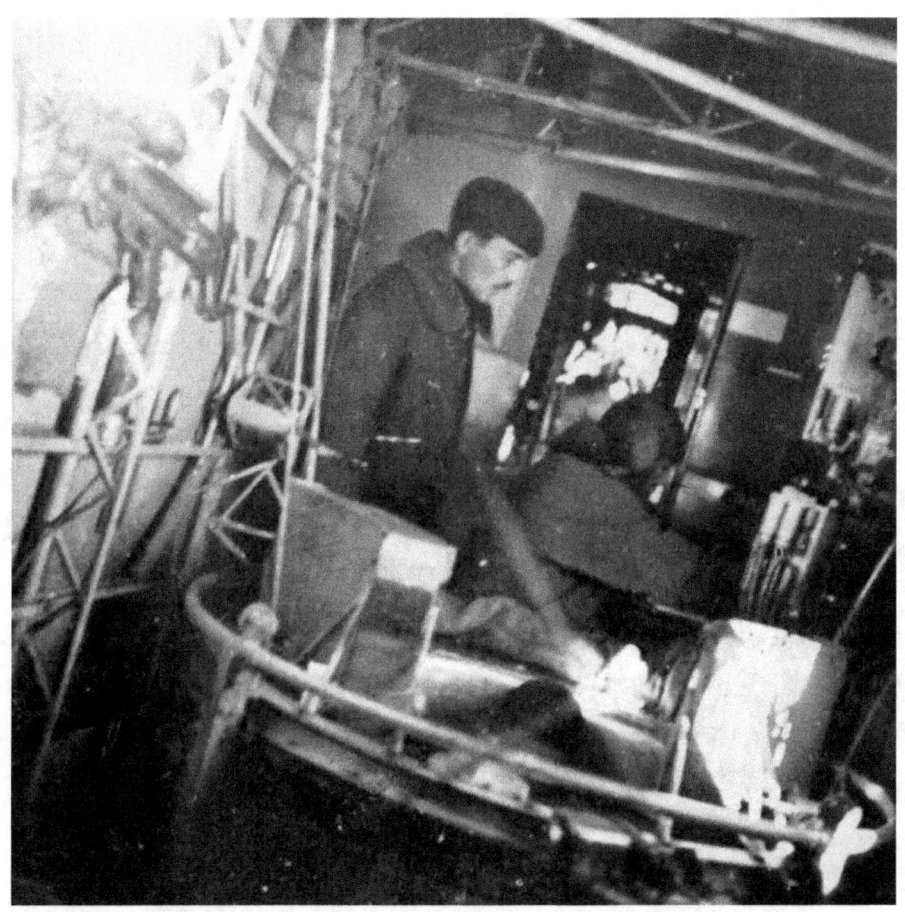

Vita di bordo durante un volo di bombardamento. Il marconista trasmette le fasi del volo e il mitragliere è pronto vicino all'arma laterale.

Il treno nel quale era installato il generale Bernasconi con il comando dell'Aviazione Legionaria

La corazzata "Jaime I" colpita in pieno nel porto di Alicante dal maggiore Aramu.

Un S. 79 degli "Sparvieri" inquadrato dal tiro antiaereo.

Uno spezzonamento degli "Sparvieri".

Gli "Sparvieri" del tenente colonnello Cupini in azione tra le montagne.

Gli aerei S. 79 dei "Falchi" delle Baleari planano sugli obiettivi della costa spagnola.

Ettore Muti, il tenente colonnello Cupini e il capitano Mayer studiano i particolari di un'azione.

L'S. 79 del tenente colonnello Cupini in pieno volo.

Impianti militari di Badalona centrati dalle bombe da 250 kg lanciate con esattezza dall'S. 79 del tenente colonnello Gostoli il 13 novembre 1938.

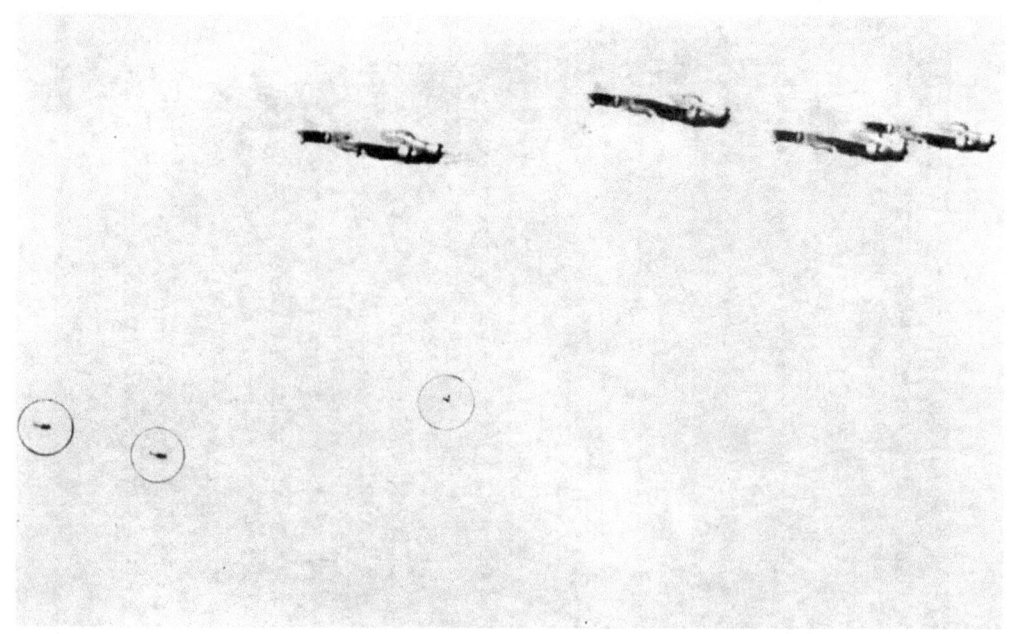

Una formazione dei "Falchi" delle Baleari, dopo un bombardamento su Barcellona, viene attaccata da tre apparecchi Rata.

Splendida veduta aerea di Teruel sotto la neve, presa da un Ro 37.

Bombardamento di un comando divisionale rosso nel Palazzo Don Luis ad est di Brihuega il 15 settembre 1937.

Il Savoia Marchetti 79 del maggiore Aramu in volo sull'aeroporto di Soria.

La precisione del bombardamento delle navi da guerra rosse nel porto di Cartagena, eseguito dal colonnello Giordano il 2 gennaio 1939 sotto il tiro concentrato delle navi, dalla quota di ben 6.000 metri.

I "Sorci Verdi" al comando del colonnello Biseo e del comandante Bruno Mussolini volano in pattuglia serrata sulle posizioni rosse.

L'aeroporto di Valle Spinosa fotografato dagli S. 79.

Gli Sparvieri in formazione proiettano la loro ombra sul campo d'atterraggio.

Splendida veduta di un S. 79 dei "Falchi" in pieno volo notturno.

Un ponte inquadrato e bombardato dagli "Sparvieri".

Uno dei Ro 37 con motore Piaggio che hanno compiuto tanto utile lavoro, in volo sul mare.

Bombardamento sul porto di Valencia del capitano Di Luise il 27 ottobre 1938.

I valorosi piloti de "La Cucaracha". Si vedano al centro in mezzo ai valorosi aquilotti il colonnello Cassinelli, il tenente colonnello Casero e il maggiore Francois.

Il glorioso stemma de "L'Asso di Bastoni" che si arricchisce di puntolini che segnalano ognuno un apparecchio abbattuto. Sotto, si colgono mandorle tra un volo e l'altro.

L'S. 79 di Muti in volo sopra le nubi.

Gli equipaggi degli "Sparvieri" del tenente colonnello Cupini discutono sulle azioni compiute.

I "Sorci Verdi" prima di una missione di guerra.

Rapporto post missione, al centro mentre si gratta la testa, il capitano Botto.

La "danza di guerra" dei valorosi piloti della "Gamba di Ferro", osservata con ilarità da dei bambini spagnoli.

Riuscito bombardamento di Fiat BR 20 per inutilizzare un campo rosso.

Il noto giornalista inglese G. C. Grey, direttore di "Aeroplane", sul campo di Soria con i Principi di Orleans.

Il campo di Talavera de la Reina con le baracchette del Comando, spesso bersagliate dalle bombe dei "Pappagalli".

Volo invernale nell'orrido dei Pirenei innevati.

I "Falchi delle Baleari" in volo sul mare per una missione.

Una pattuglia di caccia CR 32 in volo.

Una mitragliatrice Breda... in compagnia!

Don Alvaro d'Orleans, aviatore del "Tercio", e la sua gentile consorte nata Parodi Delfino sul campo di Soria.

Sotto, il maggiore Federigi prima di un'azione di bombardamento.

I valorosi equipaggi della eroica "Gamba di Ferro". Si vede in mezzo il tenente colonnello Leotta e il capitano Botto prima della sua gloriosa avventura. A sinistra, in braccio a un aviatore, "Cirri", il cane portafortuna del gruppo.

Il Savoia Marchetti del maggiore Aramu in volo verso Villanueva del Pardillo.

Bombardamento di Villanueva del Pardillo il 17 agosto 1937.

Un atterraggio di S. 79 a carrello rientrato.

Un Fiat CR 32 in volo di caccia.

Due valorosi aviatori spagnoli: Don Alvaro d'Orleans e il capitano Eugenio Gros.

Un manifesto rosso trovato a Barcellona. I rossi, come si vede, erano convinti di vincere la guerra.

La principessa D'Orleans, nata Parodi Delfino, in mezzo ai valorosi Reparti d'Assalto delle truppe legionarie.

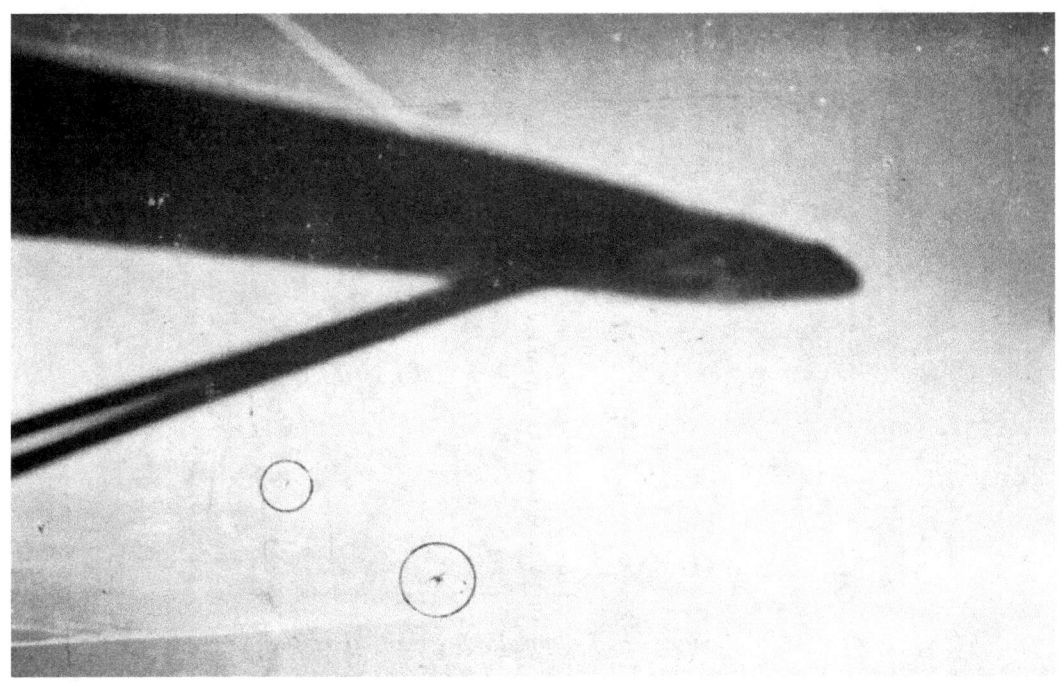

Combattimento aereo tra un S. 79 delle Baleari e due apparecchi rossi; un Rata e un Dewoitine del quale si distingue nettamente la sagoma in cabrata al largo del porto di Valencia.

Il comandante delle "Cicogne" di ritorno da una azione.

Le "Cicogne" del colonnello Rampelli in azione.

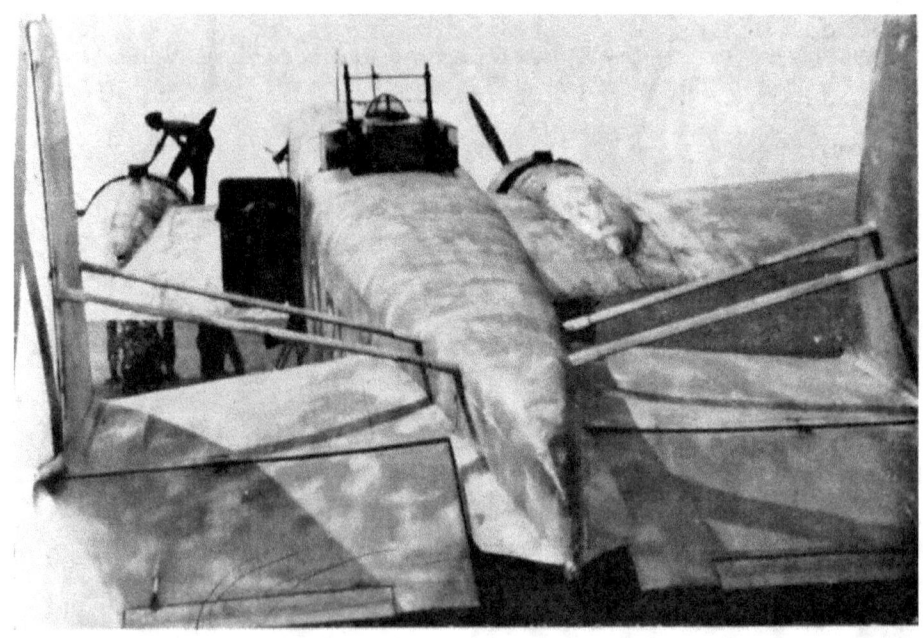

I motori Fiat A. 80 delle "Cicogne" sotto le amorose cure dei motoristi.

Uno dei tanti utilissimi carri officina dell'aviazione legionaria.

Ettore Muti con il generale Bernasconi a Castelseras presso il Comando Tattico dell'Aviazione Legionaria.

Ecco uno dei motti che i cacciatori legionari hanno scritto sulle code dei loro apparecchi da assalto Breda 65: "Mi fanno un baffo". Ed è stata la verità.

Il tenente colonnello Seidl di fronte alle iscrizioni comuniste di Porto Cristo.

I "Falchi" delle Baleari in volo per un'azione di bombardamento.

L'ultimo bombardamento di Barcellona eseguito dalle "Cicogne" il 25 gennaio 1939.

Le valorose ragazze spagnole festeggiano il ritorno delle gloriose "Cicogne".

La gloriosa 32° squadriglia comandata dal capitano Botto.

Il tenente colonnello Leotta pronto a partire in volo.

Il generale Pricolo osserva le partenze degli aerei sul campo di Palma di Maiorca insieme al generale Monti e al colonnello Seidl.

Il valoroso motorista Ignazi ferito da due pallottole alla testa durante un combattimento a bordo di un S. 79 e decorato di Medagli d'Argento al VM.

Romolo Marcellini, il coraggioso e intelligente regista che ha compiuto moltissimi voli durante le azioni nei cieli della Spagna realizzando superbe visioni cinematografiche.

L'inaugurazione della Scuola Specialisti di Malaga fatta dal colonnello Sabatucci.

Gli istruttori della Scuola Specialisti di Malaga sfilano davanti alle autorità.

Il tenente colonnello Remondino di ritorno da un volo di caccia.

Al gruppo "Asso di Bastoni" si celebra la messa davanti ad un Rata catturato.

SOMMARIO 1 VOL.

Prefazione ....Pag 3

Premessa ....Pag 9

Capitolo I ....Pag 13

Capitolo II ....Pag 19

Capitolo III ....Pag 25

Capitolo IV ....Pag 44

Capitolo V ....Pag 60

Capitolo VI ....Pag 68

Capitolo VII ....Pag 78

Fotografie ....Pag 87

TITOLI PUBBLICATI - ALREADY PUBLISHING

www.ingramcontent.com/pod-product-compliance
Lightning Source LLC
LaVergne TN
LVHW081541070526
838199LV00057B/3746